Wenn man die obskuren Philosophen liest, auf die sich Putin und seine höchsten Beamten stützen, wird deutlich, dass Wladimir Putin ein gefährlich rückwärtsgewandtes Weltbild pflegt: Im 21. Jahrhundert möchte er eine hegemoniale Politik des 19. Jahrhunderts etablieren. Nachdem er die Modernisierung und den sozialen Ausgleich verspielt hat, träumt er mit nationalkonservativen bis reaktionären russischen Philosophen von einem eurasischen Weltreich. Es soll sich von Wladiwostok bis nach Warschau erstrecken, darf aber auch gern bis nach Paris reichen. Dereinst von Gerhard Schröder als »lupenreiner Demokrat« bezeichnet, wurde durch den Krieg gegen die Ukraine der skrupellose Kriegsherr sichtbar, der durch willkürliche Logik die Historie zum Beistand zwingen will.

MICHEL ELTCHANINOFF, geboren 1969 in Paris, hat nach seiner Dissertation in Philosophie ein wissenschaftliches Werk zu Dostojewski verfasst. Er ist Chefredakteur des »Philosophie Magazine« (Frankreich).

IN PUTINS KOPF

MICHEL ELTCHANINOFF

LOGIK UND WILLKÜR EINES AUTOKRATEN

AUS DEM FRANZÖSISCHEN
VON TILL BARDOUX

TROPEN   SACHBUCH

Tropen

www.tropen.de

Die Originalausgabe erschien unter dem Titel »Dans la
tête de Vladimir Poutine« im Verlag Actes Sud, Arles 2015

© Actes Sud, Arles, 2015

Für die deutsche Ausgabe

© 2016, 2022 by J. G. Cotta'sche Buchhandlung
Nachfolger GmbH, gegr. 1659, Stuttgart

Erweitert um ein aktuelles Kapitel
zum Krieg gegen die Ukraine

Alle deutschsprachigen Rechte vorbehalten

Printed in Germany

Umschlag: Herburg Weiland, München

unter Verwendung einer Grafik von © Michael Pleesz, Wien

Gesetzt in den Tropen Studios, Leipzig

Gedruckt und gebunden von CPI – Clausen & Bosse, Leck

ISBN 978-3-608-50182-7

Dritte Auflage, 2022

Bibliografische Information der Deutschen Nationalbibliothek
Die Deutsche Nationalbibliothek verzeichnet diese Publikation
in der Deutschen Nationalbibliografie; detaillierte bibliografische
Daten sind im Internet über http://dnb.d-nb.de abrufbar.

INHALT

EINFÜHRUNG

PUTIN UND DIE PHILOSOPHIE

Russland, Anfang Januar 2014. Hohe Funktionäre, Gouverneure der Regionen und Kader der Partei Einiges Russland erhalten von der Präsidialverwaltung ein besonderes Neujahrsgeschenk – philosophische Werke! *Unsere Aufgaben* von Iwan Iljin, *Die Philosophie der Ungleichheit* von Nikolai Berdjajew, *Die Rechtfertigung des Guten* von Wladimir Solowjow, Werke russischer Denker des 19. und frühen 20. Jahrhunderts. Würde Gogol wieder zum Leben erwachen, beschriebe er, wie die imposanten Würdenträger, gewöhnt an feine Restaurants und Luxuswagen, nun über dieser Lektüre voller sibyllinischer Spekulationen schwitzen. Aber da müssen sie durch, dem allabendlichen Haareraufen zum Trotz. Der Präsident höchstselbst zitierte diese Autoren erst vor Kurzem in wegweisenden Reden, deshalb müssen sie zumindest versuchen zu verstehen, was er damit sagen wollte. Die Ausdauerndsten unter ihnen werden in diesen Büchern Wendungen finden, die merkwürdig nachhallen und ihnen das Gefühl vermitteln, dass sich über die Zeiten hinweg Parallelen herstellen: die Rolle des Führers der Nation in einer authentischen Demokratie, die Bedeutsamkeit einer konservativen Haltung, die

Sorge um die Verankerung der Moral in der Religion, den historischen Auftrag des russischen Volkes angesichts der tausendjährigen Feindseligkeit des Westens …

Als Nächstes werden im Februar 2014 Vorträge zum Thema Konservatismus gehalten, und einige der Funktionäre – die aus den Abteilungen Innenpolitik und Soziales in der Präsidialverwaltung, um genau zu sein – sind zur Teilnahme verpflichtet. Im März sind die Parteikader von Einiges Russland an der Reihe; sie müssen Kurse im Rahmen des Projekts »Bürgeruniversität« besuchen.[1] Doch dieser Nachhilfe in Philosophie kommt ein historisches Ereignis in die Quere – die Annexion der Krim. Kein Grund, in seinem Bemühen nachzulassen, im Gegenteil. Vom 10. bis zum 20. August wird auf der gerade eroberten Krim das Jugendforum Tawrida 2014 abgehalten. Philosophen erklären dort den Jugendlichen die intellektuellen Quellen und die Aktualität der von Wladimir Putin eingeleiteten »konservativen Wende«. Boris Meschujew, Dozent an der angesehenen Moskauer Lomonossow-Universität, erinnert vor vollbesetztem Saal daran, dass das Land vor folgender schicksalhafter Entscheidung steht: »Sich als eine von den anderen getrennte Kultur aufzubauen […] oder sich als konservativer Retter Europas zu denken.«[2] Mehrere Philosophiehistoriker, Spezialisten für das russische Denken, stehen ihm zur Seite. Zur gleichen Zeit halten in einem prächtigen Schloss am Ufer des Schwarzen Meeres, einer früheren Residenz von Zar Alexander III., weitere Philosophen Vorträge über das »konservative Denken in Russland« oder die »Rückkehr der Krim nach Russland als jüngste Phase in der Entwicklung des russischen Staates –

vom Niedergang in den 1980er und 1990er Jahren zu einer Phase der Konsolidierung«. Die Philosophie ist im Russland des Jahres 2014 allgegenwärtig. Und es ist der Präsident höchstpersönlich, der diese Bewegung mit seinen Zitaten philosophischer Denker prägt.

Putin – ein versierter Kenner der Philosophie? Lassen wir die Kirche im Dorf. Der Mann ist kein Intellektueller. Er hat eher eine Vorliebe für Geschichte, Literatur und vor allem für Sport. Und bevor er sein Jurastudium an der Leningrader Universität erwähnt, erzählt er lieber von seiner Jugend als Gauner und Spion. Bei jeder sich bietenden Gelegenheit präsentiert er sich als jemand, der das weite Land und die körperliche Ertüchtigung der Enge der literarischen Salons vorzieht. Und wenn er die Philosophie erwähnt, dann zumeist, um sich über die Haarspalter lustig zu machen oder um seine eigene Unwissenheit einzugestehen. Oder aber er versteht die Philosophie, wie viele Russen, im Sinne einer östlichen Weisheit. Gern zitiert er Laotse, den »großen östlichen Philosophen«,[3] oder er erklärt, dass das von ihm praktizierte Judo die wahre Philosophie sei. Kurzum, niemand würde so weit gehen, aus Putin einen Intellektuellen zu machen.

Als politischer Lenker hegt Putin nicht den Wunsch, eine Staatsideologie nach sowjetischem Vorbild durchzusetzen. In dem programmatischen Text »Russland an der Jahrtausendwende«, den er 1999 genau zum Zeitpunkt des Antritts seiner Interimspräsidentschaft veröffentlicht hat, grenzt er sich von der kommunistischen Vergangenheit ab: »Ich bin gegen die Wiederherstellung einer staatlichen, offiziellen Ideologie in Russland in jedweder Form. In einem demokratischen Russland soll es kein erzwungenes bür-gerliches Einvernehmen geben.«[4] Er wird diese Aussage regelmäßig wiederholen: »Ich glaube nicht, dass uns eine herrschende Ideologie und Philosophie fehlt. Doch natür-lich kann der Staat von einem Philosophen gelenkt wer-den – unter der Bedingung, dass er diese Sicht der Dinge teilt.«[5] Er hat nichts gegen die Metaphysiker, aber an einem platonischen Philosophenkönig ist ihm dann doch nicht gelegen.

Wladimir Putin ist schließlich und vor allem eines: Rea-list. Er legt keinen Wert darauf, an irgendein ideologisches Joch gekettet zu werden, seinen Diskurs passt er den jewei-ligen politischen Umständen an. Er möchte die Initiative behalten. Ein ganzer Schwarm von *speechwriters* umgibt ihn und unterbreitet ihm Vorschläge mit vielfältigen und wechselnden philosophischen Bezügen. Alle Personen, die bei den Recherchen zu diesem Buch befragt wurden, ob Präsidentenberater, Kommentatoren oder Intellektuelle, weisen die Idee einer »Philosophie Putins« zurück. Das wäre zu einfach. Jedoch ist dabei ein Detail bezeichnend: Nachdem sie mit Putin abgesprochen haben, eine kohä-rente philosophische Theorie zu besitzen oder anzuwenden, beginnen sie allesamt, die Namen der großen Denker auf-zuzählen, die ihrer Meinung nach seine Weltanschauung und sein Handeln beeinflussen, und erklären, inwieweit Putin diesen oder jenen Aspekt aus deren Theorien wieder aufgreift.

Tatsächlich ist Putin, das deutet sich in seinen Reden und seinem Handeln an, von bestimmten philosophischen Ideen beeinflusst. Er ist, könnte man sagen, von Grund auf Sowjetmensch geblieben. Wie alle Bürger der UdSSR wurde er zu einem quasireligiösen Respekt vor den Büchern und großen Namen der Kultur erzogen. Weder in der Sowjetunion noch in Russland macht man sich über die Kultur lustig, und über die Philosophie, die bei den Studenten sämtlicher Fachrichtungen auf dem Lehrplan stand, ebenso wenig. Während seines Studiums lernt Wladimir Putin die Namen und Lehren der großen russischen und ausländischen Denker kennen. Zudem ist er bei seiner Rückkehr aus der DDR, nach dem Fall der Berliner Mauer und nach fünfjähriger Mission für den KGB, sicherlich überrascht über die blühende Verlagslandschaft, die sich in seiner Abwesenheit entwickelt hat. In einigen Jahren Perestroika sind zahlreiche Autoren zum ersten Mal veröffentlicht oder neu aufgelegt worden – religiöse Philosophen, emigrierte Denker, große, bisher nicht publizierte ausländische Schriftsteller. Die Philosophie ist damals sehr in Mode. 1994 kehrt Solschenizyn nach Russland zurück und lässt Ideen wieder aufleben, die man für verschwunden hielt. Außerdem ist Putins Geburtsstadt Leningrad, die seit 1991 wieder ihren alten Namen Sankt Petersburg trägt, eine intellektuelle Metropole. Viele Philosophen, die mehr oder weniger als Dissidenten gelten, leben hier. Gut möglich, dass Putin einigen von ihnen über den Weg gelaufen ist. In jedem Fall muss die brodelnde Stimmung jener Zeit unweigerlich seine Aufmerksamkeit erregt haben, zumal eine Spezialabteilung des KGB die ideellen Debatten mitverfolgt, die die Gesellschaft umtreiben. Dazu brauchte man damals übrigens nur den Fernseher einzuschalten, und schon konnte man die leidenschaftlichen Debatten über diesen von der Sowjetpropaganda verleugneten oder entstellten Bereich der Kultur miterleben.

Als er im Jahr 2000 die Amtsgeschäfte des Präsidenten eines zwischen Sowjetnostalgikern, antikommunistischen Demokraten und mehr oder weniger prosowjetischen Nationalisten gespaltenen Landes übernimmt, benötigt Putin eigene ideologische Orientierungspunkte, um pragmatisch und anpassungsfähig zu wirken. Er will seine Mitbürger von der Solidität seines Denkens und Handelns überzeugen. Die Leute sollen eine gut strukturierte Rede hören. Um das Land neu aufzubauen, muss man das Volk zusammenschweißen und den Funktionären eine klare Richtung vorgeben. In einem Land, in dem die Mechanismen der politischen Entscheidungsfindung noch immer sehr undurchsichtig sind, wird jedes seiner Worte sorgsam geprüft. Wenn Putin also, wie noch zu sehen sein wird, in seinen Reden, vor allem seinen großen Ansprachen an die Nation oder ihre Repräsentanten, diesen oder jenen Philosophen zitiert, ist das alles andere als ein Zufall.

Putin hat in den Jahren von 2000 bis heute eine Entwicklung durchlaufen. Er hat seine Überzeugungen nicht geändert, sondern sich in dem Maße, in dem sie sich herauskristallisierten und von neuen ideellen Bezügen profitierten, mehr und mehr getraut, sie zu äußern. Seine zweite Amtszeit von 2004 bis 2008 ist von einer spürbaren Anspannung gekennzeichnet. Sein drittes, 2012 einsetzendes Mandat hat eindeutig im Zeichen der Revanche begonnen – Revanche an den Demonstranten gegen seine Rückkehr an die Macht und Revanche am Westen. 2013 haben Putins Ansichten eine konservative Wendung genommen.

Im Jahr darauf ist er zum Imperialisten geworden. Immer deutlicher verkörpert Putin die Vergeltung derer, die den Untergang der UdSSR und ihre Umwandlung in eine Demokratie nicht ertragen haben. Der russische Präsident möchte seine Spuren in der Geschichte hinterlassen. Dafür sind Ideen unverzichtbar, die tief in der Geschichte des Landes verankert sind. Die Frage, ob er an sie glaubt oder nicht, ist dabei nebensächlich. Vielleicht ist Wladimir Putin wie Dostojewskis Held Dmitri Karamasow ein »weites Gefäß«, zugleich ernsthaft zynisch und ernsthaft idealistisch.

Bevor die philosophischen Vektoren des »Putinismus« erkundet werden, ist noch ein Wort zur Entourage des Präsidenten zu sagen. Wer erzählt ihm von Philosophie? Wer schwärmt ihm von seiner letzten Lektüre vor? Wer bewegt ihn dazu, Passagen aus Werken zu lesen, die vor einhundert Jahren geschrieben wurden, aber sich anscheinend auf die aktuelle Lage anwenden lassen? Es seien hier zunächst zwei bedeutende Berater Putins, die aus weiter zurückliegenden Zeiten bekannt sind, genannt. Wladislaw Surkow, den die Presse als seinen »Rasputin« betrachtet, jener talentierte Schöpfer des Konzepts der »souveränen Demokratie«, jener Experte in »politischen Technologien«, der *ad hoc* Parteien und Jugendbewegungen aus dem Boden stampfte, hat auch nach den Protesten von 2011 seinen Einfluss nicht verloren. Nachdem Surkow sich eine Zeit lang eher im Hintergrund hielt, wurde er Berater des Präsidenten in Sachen der Ukrainepolitik. Gleb Pawlowski, der Putin in den 2000er Jahren, der Hochzeit der »gelenkten Demokratie«, mit Ideen belieferte, gehört nicht mehr zum intellektuellen Umfeld des Präsidenten. Laut den Interviewpartnern für dieses Buch liest Putin weder Zeitungen, noch zieht er das Internet zurate, da es ihm nicht vertrauenswürdig erscheint. Aktuelle Nachrichten erhält er durch Akten, die ihm zugestellt werden, oder durch rote Dossiers, die ihm von Mitarbeitern auf dem Schreibtisch bereitgelegt werden. Aber wer liefert ihm die Informationen, die er für sein Handeln benötigt?

Zunächst sind das seine Freunde und engen Verbündeten der *Silowiki*-Clique, die sich aus Mitgliedern der Armee, der Polizei oder der Geheimdienste zusammensetzt, und die oftmals wie er aus Sankt Petersburg stammen. Vergleicht man die Quellen und Erklärungen der russischen Interviewpartner für dieses Buch, so lassen sich ein halbes Dutzend Personen anführen, die dem Präsidenten im Rahmen seines politischen Handelns quasi täglich zur Seite stehen: Alexander Bortnikow, seit 2008 Leiter des Inlandsgeheimdienstes FSB; Alexander Bastrykin, Chef des Ermittlungskomitees der Russischen Föderation, neben dem Generalstaatsanwalt der höchste Strafverfolgungsbeamte Russlands und ein Kamerad Putins schon aus Studienzeiten; Igor Setschin, ein weiterer Putin sehr nahestehender Petersburger, Vorstandsvorsitzender des Mineralölkonzerns Rosneft, der im Verdacht steht, einer der Hauptverantwortlichen für die Verhaftung von Michail Chodorkowski zu sein, und den die *Financial Times* 2010 als den (nach Putin und Medwedew) »dritten Mann« im russischen Machtgefüge bezeichnete; Juri Kowaltschuk, Oligarch mit großen Beteiligungen im Banken- und im Mediensektor; Wladimir Jakunin, Präsident der russischen Eisenbahngesellschaft; der Verteidigungsminister Sergej Schoigu; und in geringerem Ausmaß Dmitri Rogosin, Stellvertretender Ministerpräsident, zuständig für den militärisch-industriellen Sektor und sehr aktiv während der Ukrainekrise … Innerhalb dieser Gruppe ist Wladimir Jakunin die Person, die am tiefsten im russischen Denken und einer konservativen Weltanschauung verwurzelt ist. Der Doktor der Politikwissenschaften organisiert aufwendige intellektuelle Treffen im Rahmen des World Public Forum »Dialogue of Civilizations«, und er verteidigt leidenschaftlich antiwestliche Positionen. Jakunin ist streng gläubig und begibt sich jedes Jahr zur orthodoxen Ostermesse nach Jerusalem, um das dort auf wundersame Weise erscheinende »Heilige Feuer« nach Russland zu bringen. Er sieht sich als eine der Speerspitzen einer religiösen und moralischen Wiedergeburt Russlands. Schließlich beeinflussen noch zwei weitere Männer, obwohl sie keine Politiker sind, das politische Denken des russischen Präsidenten. Der berühmte Filmregisseur Nikita Michalkow behauptet seit zwei Jahrzehnten, das Wiederaufleben eines »Weißen Russlands« nach dem Untergang des Kommunismus zu verkörpern. Er steht dem Präsidenten nahe und muss ihm von seinen Lektüren berichten. Wie noch zu sehen sein wird, hat er ihn mit dem Werk des Philosophen Iwan Iljin bekannt gemacht. Außerdem soll Putin einen Beichtvater haben, Vater Tichon Schewkunow. Der ehemalige Student der Moskauer Filmhochschule ist heute Archimandrit des Sretenski-Klosters im Zentrum Moskaus. Er ist mächtig und gefürchtet. Man spricht ihm einen realen Einfluss auf den Präsidenten zu.[6]

Was verbirgt sich hinter diesen Begegnungen, diesen Lektüreberichten, dieser von Brüdern im Geiste geteilten Weltanschauung? Eine seit Jahren verschwommen geahnte Doktrin schält sich immer deutlicher heraus. Sie ist nicht minder komplex als die rätselhafte und unberechenbare Person Putin. Doch nach dem Lesen und Studieren der – nicht immer übersetzten – Klassiker des russischen Denkens, nach Unterredungen mit bewanderten Kommentatoren und Akteuren des intellektuellen Lebens in Russland, nach dem Zerpflücken von Putins Reden seit seinem Amtsantritt als Präsident zeichnet sich ein Bild ab. Diese Doktrin setzt sich aus mehreren Ebenen zusammen. Ausgehend von einem sowjetischen Erbe, zu dem sie aus Überzeugung stehen, und einem nur vorgetäuschten Liberalismus ist die erste Ebene eine konservative Vision. Die zweite ist eine Theorie des Russischen Weges. Die dritte schließlich ist ein von den eurasischen Denkern inspirierter imperialer Traum. Und obendrein steht all das im Zeichen einer sich wissenschaftlich gebenden Philosophie.

Diese hybride und sich wandelnde Doktrin verheißt uns eine unruhige Zukunft. Wagen wir einen Blick.

1. KAPITEL

IN ERSTER LINIE SOWJETBÜRGER

Versucht Putin die UdSSR zu rekonstruieren? Sein Projekt einer Eurasischen Union und seine Offensive in der Ukraine legen das nahe. Und geschieht dies, falls dem tatsächlich so ist, aus Nostalgie für die Sowjetunion? Was sagen die Fakten? Wenn er sowjetophil ist, dann zuallererst aus Treue zu seinen Wurzeln. Wladimir Wladimirowitsch Putin wird 1952 in Leningrad, der Stadt der russischen Revolution, geboren. Die ausgezehrte und zerrüttete Stadt zeichnen noch die Spuren einer mörderischen, fast zweieinhalbjährigen Blockade. Stalin ist noch am Leben. Putins Vater kämpfte während des Zweiten Weltkriegs in den Reihen des NKWD, der Politischen Polizei, die für die Kriegsgefangenen und für die Durchsetzung der Befehle des Oberkommandos zuständig war, und wurde verwundet. In Leningrad ist er Facharbeiter in einem Werk für Eisenbahnwaggons und Mitglied der Kommunistischen Partei, jahrelang ist er in der Parteigruppe seines Werks aktiv. Im Gegensatz zum atheistischen Vater ist Putins Mutter gläubig, sie lebt von kleinen Jobs. Dem Großvater von Wladimir Wladimirowitsch war ein deutlich ungewöhnlicheres Schicksal innerhalb des kommunistischen Regimes beschieden. Kurz nach seinem Aufstieg zum Präsidenten Russlands muss Putin sich zu diesem Punkt erklären. »Was würde Ihr Großvater von seinem Enkel denken, der nun zu einem demokratisch gewählten Präsidenten geworden ist?«, fragt ihn ein amerikanischer Journalist. Putin, leicht peinlich berührt, antwortet: »Die Tatsache, dass mein Großvater als Koch für Stalin gearbeitet hat, sagt überhaupt nichts über seine politischen Ansichten. Das war damals ein anderes Land, mit einem anderen Leben.«[1] Tatsächlich hatte Putins Ahne nicht nur für Stalin aufgewartet, sondern zuvor auch schon für Lenin gekocht, bevor er seinen Lebensabend schließlich in einem Heim der Partei verbrachte.

Trotz dieses linientreuen Stammbaums ist der junge Wladimir meilenweit von allem leninistischen Eifer entfernt. Nach allem, was man von ihm weiß – und man weiß nur, was er selbst zu erzählen beliebt, denn gleich nach seinem Machtantritt stellt er seine Biographie streng unter Verschluss –,[2] glaubte er nie wirklich an den Kommunismus. Marx zitiert er in seinen Reden und Interviews allenfalls, um ihn zu kritisieren. Selbst Scherzen ist er nicht abgeneigt, so auch bei einem Treffen mit Kulturschaffenden im August 2014, als sein Interviewpartner Marx und Engels zitiert: »Die Deutschen sind schuld, sie haben uns die beiden aufgedrängt und ihren Marxismus zu uns exportiert …«[3] Oft beteuert er, nie an das Ideal einer klassenlosen Gesellschaft geglaubt zu haben: »Ich war überzeugt davon, dass die kommunistische Idee ein schönes Märchen war, allerdings […] ein gefährliches schönes Märchen […], das nicht nur in eine ideologische, sondern auch in eine ökonomische Sackgasse führt.«[4] Das ist ein entscheidender Punkt: Da er beim KGB arbeitete und den Entwicklungsrückstand der UdSSR im Verhältnis zu den westlichen Industriestaaten genau kannte, wusste Putin bereits »Mitte oder Ende der 1980er Jahre«,[5] dass das staatlich gesteuerte Wirtschaftssystem mit Sicherheit auf den Bankrott zusteuerte. Er zeigt sich also auf ökonomischer Ebene schon von jeher als eher liberal. Wenn er auch kein Antikommunist ist, so glaubt er als junger Mann doch wie viele seiner Mitbürger weder an die Propaganda noch auch nur an den Traum von einer klassenlosen Gesellschaft. Er ist Pragmatiker, und als solcher konstatiert er das Scheitern der Planwirtschaft.

Indessen teilt Wladimir Putin die hauptsächlichen Werte der sowjetischen Gesellschaft voll und ganz. Vielleicht hat er nicht dieselben politischen Überzeugungen wie sein Großvater oder sein Vater, doch er beteuert, dass er das Wesentliche mit ihnen gemeinsam hat: den Patriotismus. In dem Interview über seine Vorfahren führt er seine Antwort mit einem Gegenangriff fort: »Alle Mitglieder meiner Familie liebten und lieben Russland, haben sich meiner Heimat gegenüber als Patrioten erwiesen und mich in genau diesem Geist erzogen.«[6] Was man in der Sowjetunion vor jeglicher kommunistischer Ideologie lehrte, ist ihm zufolge »die Liebe zur Heimat«.[7]

Eine weitere Sphäre von immenser Bedeutung für das sowjetische Leben, für die der junge Mann schwelgt, ist die Militärkultur. In ihren Chroniken des sowjetischen Lebens legt die weißrussische Autorin Swetlana Alexijewitsch deutlich diesen für das Verständnis der heutigen

Ereignisse grundlegenden Zug bloß: »Unser Land war durch und durch militärisch, rund 70 Prozent der Wirtschaft bediente die Bedürfnisse der Armee. Genau wie unsere besten Köpfe … Physiker, Mathematiker …«[8] Männer, Frauen, Kinder – alle waren der Militärideologie unterworfen. Die Bildung war militaristisch, die Kinder mussten Kriegsliteratur lesen, um sich auf die Selbstaufopferung vorzubereiten. Der Militärdienst mit seinen grausamen Schikanen und seinen virilen Initiationsriten stellte einen der wichtigsten Aspekte des sowjetischen Lebens dar. Die Stimmung des gesamten Daseins zwischen Militärparaden, Helden- und Märtyrerkult und kollektiver Disziplin war allgemein martialisch. »Wir haben so sehr geglaubt! Geglaubt, dass eines Tages ein gutes Leben kommen würde. Warte, hab Geduld … ja, warte, hab Geduld … Das ganze Leben in Kasernen, in Wohnheimen, in Baracken«, heißt es bei Swetlana Alexijewitsch weiter.[9] Selbst heute noch ist die Art und Weise, wie im zivilen Bereich gesprochen und sich an sein Gegenüber gewandt wird, in der gesamten ehemals sowjetischen Zone von einer trockenen, militärischen Effektivität geprägt. Im Übrigen gebe es in dem großen Kampf zwischen kapitalistischer und kommunistischer Welt ohnehin »keine Grenze zwischen Krieg und Frieden. Es herrscht immer Krieg«, so zumindest fasst es einer jener Normal-Sowjetbürger zusammen, die von Swetlana Alexijewitsch interviewt wurden.[10] Wladimir Putin, aufgewachsen einige Jahre nach Kriegsende in der für immer in unantastbarer Erinnerung bleibenden »Heldenstadt«, ist ein Kind dieses alltäglichen Militarismus. Gekämpft hat er jedoch nicht. Er wurde nach dem Zweiten

Weltkrieg geboren und nahm nicht an der Invasion Afghanistans zwischen 1979 und 1989 teil. Während des ersten Tschetschenienkonflikts (1994–1996) ist er bereits ein hoher Funktionär. Den zweiten, 1999 begonnenen leitet er selbst in die Wege. Wladimir Putin verhält sich umso martialischer, als er den Krieg nie kennenlernte. Wenn er sich selbst gern als mannhaften Helden darstellt, dann weil er von diesem Bild getrieben ist.

Ein bedeutender Wesenszug dieser militaristischen Kultur bestimmt die spontane Geschichtsauffassung zahlreicher Sowjetbürger. Die UdSSR stoppte als erste Nation den deutschen Vormarsch, zwang in Stalingrad die gegnerische Armee in die Knie und drängte sie dann bis nach Berlin zurück. Stalin, der mit Hitler paktiert hatte, wurde in den Augen der Welt zum großen Sieger des Konflikts. Die Kultur des permanenten Krieges ist auch die Kultur des Sieges. Und diese verleiht nach Meinung der russischen und sowjetischen Führungsriege den Siegern bestimmte Rechte. In seiner wachsenden Begeisterung für die Armee, die mit einer stetigen Erhöhung ihres Budgets einhergeht, beruft Putin sich 2012 zu Beginn seiner dritten Amtszeit auf den Sieg gegen den Nazismus, um Russland eine Art moralische Überlegenheit in den internationalen Beziehungen zuzusprechen. In seiner Rede während der Parade vom 9. Mai verkündet er: »Wir haben ein unermesslich großes moralisches Recht, unsere Positionen auf grundlegende und dauernde Weise zu verteidigen. Denn unser Land war es, das den Großteil der Nazioffensive zu erdulden hatte […] und den Völkern der ganzen Welt die Freiheit geschenkt hat.«[11] Noch argwöhnte niemand, dass diese traditionelle Rhetorik, die in der ehernen Terminologie der UdSSR den völkerbefreienden Soldaten dem »Faschisten« gegenüberstellt, schon bald wieder auftauchen würde, um die russische Intervention in der Ukraine zu rechtfertigen. Doch das Argument ist bereits zur Hand.

Eine weitere sowjetische Institution nimmt im Leben Wladimir Putins einen wesentlichen Platz ein: der KGB (Komitee für Staatssicherheit), der nach dem Untergang der UdSSR zum FSB (Föderaler Sicherheitsdienst) wurde. Der Legende nach, die er selbst konstruierte und sorgfältig unter Kontrolle behielt, soll sich der junge Wladimir mit sechzehn Jahren selbst beim Leningrader Sitz des KGB beworben haben, um seine Heimat zu verteidigen. Man riet ihm jedoch, zunächst zu studieren, bevor man ihn einige Jahre später einstellte. Putin legt in den autorisierten Biographien und in seinen Interviews großen Wert auf das romantische Bild des unbestechlichen und tapferen Spions. Nur zu gern möchte er die hunderttausenden Opfer der Politischen Polizei unter Stalin und später die erbarmungslose Jagd auf Dissidenten und andere Abweichler, an der er sicherlich beteiligt war, in Vergessenheit geraten lassen. Ihm zufolge ist der KGB / FSB das Elitekorps des russischen Vaterlandes. Mögen die kommunistischen Spitzenpolitiker auch korrumpiert, mag ihr Handeln durch die Ideologie auch beschränkt sein, die Geheimpolizei ist über den Rückstand des kommunistischen Blocks auf dem Laufenden und bildet die Speerspitze bei der Wiedergeburt des Landes. Kurzum, der ideale Machthaber ist eine von der Bevormundung der Partei befreite Politische Polizei. Putin bekräftigt dies, kaum dass er an der Spitze des Staates angelangt ist: »Der KGB war eine ideologische Organisation im Dienste der Interessen einer herrschenden Partei – der Kommunistischen Partei der Sowjetunion. Jetzt bei uns gibt es gottlob keine alleinregierende Partei, keine kommunistische Staatsideologie mehr.«[12] Der FSB kann nunmehr mit völlig freier Hand seine Mission erfüllen: »Die Interessen des Staates verteidigen.«[13] Darüber hinaus lobt Putin die professionellen Qualitäten, die bei der Berufstätigkeit des Spions gefördert werden, in den höchsten Tönen: »Die Kompetenzen bei der Arbeit mit Menschen: zuhören können, verstehen können.«[14] Diese Fähigkeit, sich auf sein Gegenüber einzustellen und ihn in Sicherheit zu wiegen, wird Putin von denen, die ihm begegnet sind, oftmals bescheinigt. Definierte er sich in seiner Jugend nicht selbst als »Spezialist im Umgang mit Menschen«?[15]

Da diese Opposition zur marxistisch-leninistischen Ideologie mit einer unverbrüchlichen Treue zur Sowjetunion und zu einer ihrer wichtigsten Institutionen, der Politischen Polizei, gepaart ist, macht das Putins Haltung gegenüber dem sowjetischen Jahrhundert zumindest nachsichtig. Sicher ist, dass er nie eine neue Hinterfragung der sowjetischen Vergangenheit auf den Weg bringen wollte. Schon Boris Jelzin, der erste demokratisch gewählte Präsident Russlands, hatte den Vorschlag des einstigen Dissidenten Wladimir Bukowski zur Durchführung eines »Nürnberger Prozesses« gegen die sowjetische Führungsriege abgelehnt. Putin scheint einige Jahre später nicht eine Sekunde lang eine solche Möglichkeit zu erwägen. Für ihn kommt auch nicht infrage, einer Aufarbeitung des kommunistischen Jahrhunderts und seiner Repressionen Vorschub zu leisten, um dadurch die schleichende Renaissance seiner Werte und Diskurse zu verhindern. Er ist der Ansicht, dass das russische Volk während des Jahrzehnts der Freiheit, doch auch der Instabilität, das dem Untergang der UdSSR folgte, genügend gelitten habe. Dass er der sozialen Stabilisierung Priorität einräumt, erlaubt ihm, eine kollektive Bewusstseinsprüfung zu vermeiden. Geschickt doziert er: »Sein Verhältnis zum Kommunismus zu klären heißt nicht, Säuberungsaktionen zu organisieren und Menschen allein auf Grundlage dessen zu verfolgen, dass sie Mitglied der Kommunistischen Partei gewesen sind oder in bestimmten, mit der Partei in Verbindung stehenden Militärorganisationen gearbeitet haben. Das wäre der größte Fehler, den man begehen könnte. Es würde in der gesamten Gesellschaft Zwietracht säen.«[16] Es genüge, fährt er fort, sich der kommunistischen Ideologie und einer regierenden Einheitspartei zu entledigen. Unter dem Vorwand einer um Ausgleich bemühten Position rehabilitiert er bestimmte Aspekte der sowjetischen Kultur. Auf diese Weise löst er die äußerst heikle Frage der nationalen Symbole – er versucht, allen ein wenig gerecht zu werden. Die russische Flagge soll weder die Flagge des Zarenreiches noch die Sowjetflagge sein, sondern die des vom Zarismus befreiten Russlands, die weiß-blau-rote Flagge der Revolution vom Februar 1917. Der Text der Nationalhymne wird neu geschrieben, doch vom Verfasser der einstigen sowjetischen Hymne: dem berühmten, zu kommunistischen Zeiten wohlgelittenen Schriftsteller Sergej Michalkow (1913–2009), Vater der Filmemacher Andrej und Nikita Michalkow. Die Melodie bleibt die gleiche. Das Wappen mit seinem doppelköpfigen

Adler soll dem russischen Zarenreich die gebührende Ehre erweisen. Die Armeeflagge hingegen bleibt die Flagge der Roten Armee. »Als gäbe es aus der Sowjetzeit nichts anderes Erinnernswertes als die Stalinschen Lager und Repressionen!«,[17] plädiert er, bevor er die Rückkehr zu den sowjetischen Symbolen damit rechtfertigt, dass er die großen Namen der Protagonisten der Raumfahrt zitiert. Darauf verweisend, dass sich eine Mehrheit seiner Mitbürger für die Beibehaltung der sowjetischen Melodie ausspräche, schließt er mit einem affektiven Argument: »Wenn man sich darauf einigt, dass die Symbole vergangener Epochen, auch der sowjetischen, nie mehr benutzt werden dürfen, dann müssten wir zugeben, dass ganze Generationen unserer Mitbürger, unsere Mütter und Väter, ein nutzloses und absurdes Leben geführt, dass sie dieses Leben umsonst gelebt haben. Das kann ich weder mit meinem Verstand noch mit meinem Herzen akzeptieren.«[18] Im Namen der nationalen Versöhnung, der historischen Kontinuität und der Pietät der Nachfahren verwehrt Wladimir Putin endgültig jede kritische Auseinandersetzung mit dieser so nahen und tragischen Vergangenheit.

Diese Mischung aus politischem Willen zur Versöhnung, historischer Tiefenperspektive und Sentimentalismus erlaubte es ihm, nach und nach seinen Blick auf die UdSSR zu präzisieren. An den Anfang stellte er noch zurückhaltend die Auswirkungen ihres Untergangs. Im Winter 2000, im Rahmen seiner ersten großen im Fernsehen ausgestrahlten Live-Sendung, in der er Fragen aus dem Volk beantwortet, testet er dann die folgende Formel: »Wer den Zusammenbruch der Sowjetunion nicht bedauert, hat kein Herz. Wer will, dass sie identisch wiederhergestellt wird, hat keinen Verstand.«[19] Fünf Jahre später, während der hochoffiziellen Ansprache an die beiden Kammern des Parlaments, wird er schon sehr viel deutlicher und prägt dabei die berühmt gewordene Wendung: »Vor allem gilt es anzuerkennen, dass der Zusammenbruch der UdSSR die größte geopolitische Katastrophe des Jahrhunderts war«[20] – also nicht etwa der Zweite Weltkrieg oder die russische Revolution und auch nicht die Tatsache, dass Stalin Mittel- und Osteuropa an sich riss. Doch auch hier widerlegt Putin mit größtem Vergnügen all jene, die ihm vorwerfen, einem der blutigsten Regime des 20. Jahrhunderts nachzutrauern. Er erklärt, dass seine Worte vor allem eine humanitäre Ausrichtung hatten: »Was bedeutet der Zusammenbruch der Sowjetunion? Fünfundzwanzig Millionen Sowjetbürger, ethnische Russen, fanden sich außerhalb der Grenzen des neuen Russlands wieder. Keiner verschwendete einen Gedanken an sie. Fünfundzwanzig Millionen, das wäre in Europa ein großes Land. In welcher Situation fanden sie sich wieder? In der von Ausländern. Und hat sie irgendwer nach ihrer Meinung gefragt? [...] So fanden sich fünfundzwanzig Millionen auf der anderen Seite der Grenze wieder, mittellos, in einem Umfeld von wachsendem Nationalismus, ohne nach Russland, in ihre historische Heimat, zurückzukönnen, ohne auch nur ihre Verwandten sehen zu können, weil sie nicht einmal genügend Geld hatten, um ein Bahn- oder Flugticket zu kaufen. Sie hatten keine Wohnungen in Russland. Sie hatten hier keine Bleibe und keinen Job. Ist das etwa keine Tragödie? Das hatte ich [mit dieser Aussage] gemeint. Nicht auf die politische Komponente des Zusammenbruchs der UdSSR zielte ich ab, sondern auf dessen humanitären Aspekt. Soll das etwa keine Tragödie sein? Oh doch, und was für eine!«[21] Wer hätte sich damals vorstellen können, dass der russische Präsident eines Tages versuchen würde, manchen dieser Mitbürger militärisch zu Hilfe zu kommen?

Um zu begreifen, was Wladimir Putin über den Zerfall der UdSSR wirklich dachte, musste man bis zum Jahr 2014 warten. Die Erklärung von 2005 gab sich noch objektiv und humanitär. Doch an dem Tag, als er seine große Rede zur Feier der Annexion der Krim hält, dem 18. März 2014, fügt der Präsident seiner üblichen Formel ein vielsagendes Adverb hinzu: »Was undenkbar schien, ist *unglücklicherweise* Realität geworden: die UdSSR hat sich aufgelöst.«[22] Und wenn er sich 15 Jahre nach seinem Machtantritt dieses Werturteil erlaubt, dann aus einem einfachen Grund: Mit seiner militärischen Operation in der Ukraine beginnt er, dieses Unglück wiedergutzumachen. In Wahrheit ist die Idee, der zufolge der Untergang der UdSSR nicht nur eine menschliche Katastrophe, sondern auch ein Irrtum der Geschichte ist, den es zu korrigieren gilt, bei Putin nicht neu. Bereits zuvor ließen sich durchaus prägnante und übereinstimmende Indizien ausmachen. Erstes Indiz: Putin hat stets betont, dass das Ende des Kommunismus ein schweres Problem ausgelöst habe, das der »ideologischen Leere«.[23] Gewiss beteuert er, dass er »gegen die Wiederherstellung einer staatlichen, offiziellen Ideologie in Russland« sei, wobei er unterstreicht, dass eine solche Restauration ohnehin nur »freiwillig«[24] ablaufen könne. Doch er wird alles dafür tun, einer Ersatzideologie zum Dasein zu verhelfen, in der alle Punkte enthalten sein würden, die er im sowjetischen System positiv beurteilt – das heißt alles außer der kommunistischen Idee. Zweites Indiz: 1999, kurz vor Putins Aufstieg zum Premierminister unter Boris Jelzin, fühlt sich Russland von der NATO, die in Serbien und im Kosovo militärisch interveniert, gedemütigt. Dieser Angriff auf einen historischen Alliierten Russlands, ohne Mandat des UN-Sicherheitsrates und aus moralischen Motiven, empört die russische Bevölkerung und ihre Führungsriege. Es ist meine Überzeugung, dass die politische Karriere Putins von dem Vorhaben gekennzeichnet ist, sich für dieses Ereignis zu rächen.[25] Zudem wird 2008 bei Russlands Einfall in Georgien oder 2014 bei der Intervention in der Ukraine die humanitäre Rhetorik von den russischen Autoritäten auf demonstrative, fast parodistische Weise eingesetzt, als beißende Retourkutsche. Von einem Teil der sowjetischen Elite wurden die 1990er Jahre als eine Reihe schmachvoller Erniedrigungen erlebt, die ihnen von den als heuchlerisch und brutal wahrgenommenen westlichen Demokratien beigebracht wurden. Drittes Indiz: die zunehmende Rehabilitierung der kriminellsten Persönlichkeiten der sowjetischen Geschichte, allen voran Stalin, im Laufe der 2000er und 2010er Jahre. Bereits 2002 schlägt Putin gemäß seiner damaligen Logik ein ausgewogenes Urteil vor: »Natürlich war Stalin ein Diktator. Darüber gibt es keinen Zweifel. […] Das Problem ist, dass das Land unter seiner Führung den Zweiten Weltkrieg gewonnen hat. Dieser Sieg ist in großem Maße mit seinem Namen verbunden. Und diesen Umstand zu ignorieren, wäre dumm.«[26] Das Russland von heute ist dabei, Stalin zu rehabilitieren – mittels Geschichtslehrbüchern, Plakaten, Gedenkveranstaltungen und Projekten zur Rückbenennung von Wolgograd in Stalingrad. Vom affektiven Bedauern und von der humanitären Sorge ist Putin zu einer prosowjetischen und stalinfreundlichen Relektüre des sowjetischen Jahrhunderts übergegangen. Letztes Indiz: die huldvolle Wiederbesinnung auf ein weiteres Symbol des sowjetischen Terrors. Auch der Gründer der Tscheka, der sinistere Felix Dserschinski, dessen Statue auf dem Moskauer Lubjanka-Platz stand, ist auf dem Weg zur Rehabilitierung. Am 22. September 2014 kündigt die Webseite des russischen Innenministeriums an, eine dem Ministerium unterstellte, unabhängig operierende Division werde »wieder den Namen Division Dserschinski erhalten«. Das Dekret trägt die Unterschrift des russischen Präsidenten. 1991 bestand der erste symbolische Akt der demokratischen Revolution, die das kommunistische Regime zu Fall gebracht hatte, darin, Dserschinskis Statue von ihrem Sockel zu stürzen. Nun schlägt die Stunde der Restauration.

Die Denkweise Wladimir Putins bleibt auch über diese Rückkehr zu den Ursprüngen hinaus sehr sowjetisch. Alexander Morosow, Politologe, Chefredakteur der Webseite *Russki Journal* und einer der genauesten Beobachter des politischen Lebens in Russland, erkennt bei Putin charakteristische Denkstrukturen wieder: »An seinem Vokabular kann man erkennen, dass er sich auf die Sprache der späten, nicht mehr wirklich marxistischen Sowjetideologie stützt, die in seiner Jugend gesprochen wurde. Das zeigt sich an seiner Art der Beschreibung des Westens, den er mit allem gleichsetzt, was sich westlich der Russischen Föderation befindet, ohne zu berücksichtigen, dass der Westen heute ein globaler Begriff ist, der ebenso auch Südasien bezeichnet. Zudem hat er sich in seinem öffentlichen Sprachgebrauch ein vollkommen sowjetisches Verhältnis zu den internationalen Organisationen bewahrt. Er ist davon überzeugt, dass es globale Zentren gibt – die Nuklearmächte –, und dass die internationalen Organisationen ihnen gegenüber nur eine sehr zweitrangige Bedeutung haben. Und schließlich hält er an einer sowjetischen Repräsentation der Macht Russlands fest, im militärischen wie im politischen Sinn. Er verbirgt nicht, dass er für die kleinen Völker, besonders für jene an Russlands Grenzen, eine Art Verachtung hegt.«[27] Diese Denkweise ist die Grundlage seiner Konzeption von Geschichte und seines politischen Handelns.

2. KAPITEL

KANT, PETER DER GROSSE UND DIE PHILOSOPHIE DES JUDO

Auch wenn Putin sich nie seines sowjetischen Hintergrundes entledigen konnte, oder dies auch nur wollte, so ist er doch während der 1990er und zu Beginn der 2000er Jahre in das Gewand eines Liberalen geschlüpft. In jener Zeit präsentiert er sich als ein Demokrat, der seinem Land dabei helfen möchte, zu den westlichen Standards aufzuschließen, und als ein Anhänger der Marktwirtschaft. Ist diese Haltung aufrichtig? Warum hat Putin das Porträt Peters des Großen, des proeuropäischen Zaren, das er zu Beginn der 1990er Jahre in seinem Büro im Rathaus von Sankt Petersburg aufgehängt hatte, zehn Jahre später in seinem Büro im Kreml wieder abgehängt?

Die These eines liberalen Putin stützt sich auf mehrere Argumente. Putin ist in Leningrad geboren, dem früheren Sankt Petersburg, das zu Beginn des 18. Jahrhunderts nach dem Willen von Peter I. errichtet wurde, um es, wie es allgemein hieß, zu einem Fenster nach Europa zu machen. Tatsächlich spielte das zu Russlands Hauptstadt avancierte Petersburg, laut Dostojewski »die abstrakteste und ausgedachteste Stadt der ganzen Welt«,[1] eine wichtige Rolle während der Aufklärung. Diderot weilte dort als Ratgeber der Kaiserin Katharina II. Im Vergleich zum religiösen und patriarchalen Moskau, das sich Europa gegenüber verschlossener zeigt und die Verbundenheit mit den am tiefsten verwurzelten russischen Traditionen symbolisiert, repräsentiert Sankt Petersburg auch heute noch die administrative, politische und ideologische Rationalität. Als die Bolschewiki 1918 entschieden, Moskau wieder zur Hauptstadt zu machen, verkörperte fern vom Kreml das erst zu Petrograd, dann zu Leningrad gewordene Sankt Petersburg die proeuropäische Gegenkultur. Man weiß, dass Putin, der Petersburg 2003 anlässlich der Feierlichkeiten zum 300-jährigen Bestehen restaurieren ließ, sehr an seiner Geburtsstadt hängt. Man weiß auch, dass er eine beträchtliche Anzahl seiner alten Petersburger Kameraden in den Kreml holte, allen voran Dmitri Medwedew. Und wenn man Putin fragt, wer seine liebsten historischen Persönlichkeiten sind, nennt er neben Stolypin, dem energischen Premierminister unter Nikolaus II., die beiden großen Kaiser und Erbauer Petersburgs, Peter den Großen und Katharina II.[2]

Die zweite mögliche Quelle von Putins vermeintlichem Liberalismus ist sein Studium der Rechtswissenschaften, das er an der renommierten Leningrader Universität absolvierte, von der aus man über die Newa hinweg auf die Isaakskathedrale und den »Ehernen Reiter« schaut, die von Falconet geschaffene Statue Peters des Großen. Dass er im Jahr 2000 das Präsidentenamt als studierter Jurist übernahm, war seinem Image als verantwortungsbewusster Begründer des Rechtsstaats und Förderer der demokratischen Institutionen des Landes sehr dienlich. An der juristischen Fakultät hatte sich der junge Putin dem westlichen republikanischen Denken geöffnet. Das bestätigt auch Alexander Morosow: »Man erzählte mir, dass Putin ein ernsthafter Student gewesen sei und an der juristischen Fakultät der Leningrader Universität Kant, Hobbes und Locke studiert habe. Er hat Kant sogar einmal in einer für den Petersburger Bürgermeister Anatoli Sobtschak geschriebenen Rede zitiert.«[3] Den Namen Immanuel Kant nennt der russische Präsident des Öfteren in seinen offiziellen Ansprachen – wohingegen Denker wie Platon, Descartes, Leibniz, Rousseau oder Hegel unerwähnt bleiben. Der Geist des 18. Jahrhunderts wird von Kants *Was ist Aufklärung?* und seinem Satz »Habe den Mut, dich deines eigenen Verstandes zu bedienen!« gekrönt, dem berühmten Aufruf wider die selbstverschuldete Unmündigkeit des Menschen. Der Gebrauch, den Putin von ihm macht, entspricht jedoch eher einem politischen Kalkül. Der Philosoph wurde in der ostpreußischen Residenzstadt Königsberg geboren und verbrachte dort sein ganzes Leben. Die 1945 an die UdSSR angeschlossene Stadt wurde in Kaliningrad umbenannt und bildet heute eine russische Exklave zwischen Polen und Litauen. Ein merkwürdiger Ort, der nach dem Zusammenbruch der UdSSR eine Schwarzhandelszone war, bevor er schließlich zum Vorposten der neuen russischen Macht wurde. Als Putin der Stadt 2005 einen Besuch abstattet, verkündet er, um den Philosophen ein wenig zu »entgermanisieren«: »Natürlich ist Kant in erster Linie ein großer Protagonist der deutschen Aufklärung, aber nicht nur. Kraft seines beträchtlichen Beitrags zur Weltkultur gehört er zu jener Art Menschen, die man zu Recht Weltbürger nennt.«[4] Er erklärt den Verfasser der *Kritik der reinen*

Vernunft sogar zu einem »gemeinsamen Landsmann« von Deutschen wie Russen.[5] Putin rühmt Kant ebenfalls als Theoretiker der Prinzipien der modernen Demokratie und des Friedens zwischen den Nationen. Er erinnert wiederholt daran, dass Kant der Verfasser eines philosophischen Entwurfs *Zum ewigen Frieden* ist, einer Altersschrift, in der die Bedingungen aufgezählt werden, dank derer eine zunehmende Abschaffung der Kriege in Betracht gezogen werden kann. Dazu gehört eine republikanische Verfassung, durch die die Völker die Kriegsabenteuer ihrer Repräsentanten kontrollieren und in den meisten Fällen verhindern würden. In Gesellschaft des mit ihm gut befreundeten Bundeskanzlers Gerhard Schröder nimmt der russische Präsident das zum Anlass für eine längere Ausführung: »Ich erinnere daran, dass Kant für Ideen eintrat, die der heutigen Welt zugrunde liegen, wie Freiheit oder Gleichheit aller vor dem Gesetz. Er protestierte gegen jede Beschränkung [der Rechte] aus religiösen oder nationalen Gründen. Ich erinnere außerdem daran, […] dass Kant kategorisch dagegen war, zwischenstaatliche Meinungsverschiedenheiten durch Krieg zu lösen. […] Ich denke, dass die von Kant ausgearbeitete Vision von unserer Generation verwirklicht werden muss und kann. So wie sich seine Lehre der Gewaltenteilung in unserem Alltag durchgesetzt hat, so können und müssen wir auch seine Lehre über die Lösung von Streitigkeiten auf der internationalen Bühne mit friedlichen Mitteln in die Tat umsetzen. In diesem Sinn können und müssen wir uns als die Fortführer der großen europäischen Traditionen ansehen. Auf ebendieser Grundlage werden wir unsere Beziehungen mit den Europäern und den anderen Ländern der Welt aufbauen.«[6] Heute scheint der russische Präsident weniger kantianisch gestimmt zu sein.

Nach dem Untergang des Kommunismus war die Bezugnahme auf Kant weit verbreitet. Bei internationalen Zusammenkünften beschwor man damals die Perspektive einer von Diktaturen befreiten und unter der Herrschaft von Recht, Demokratie und Markt friedlich zusammenlebenden Welt. Zu dieser Zeit verdiente Putin seine ersten politischen Sporen bei einem der wichtigsten Funktionäre des postsowjetischen Russlands, dem Bürgermeister von Sankt Petersburg, Anatoli Sobtschak (1937–2000). Dieser galt als glühender Anhänger liberaler Ideen. Und Putin zeigte sich stets bereit, seinen früheren Mentor darin zu unterstützen. Bei Sobtschaks Tod im Jahr 2000, der einige Fragen aufwarf, wirkte Putin äußerst betroffen. Wie ernst es Sobtschak mit dem Liberalismus tatsächlich gewesen war, ist indes umstritten. War er nicht eher ein als Liberaler verkleideter kommunistischer Apparatschik? Das legt beispielsweise Masha Gessen in ihrer Putin-Biographie nahe.[7] Sie behauptet auch, dass der zur Schau getragene Liberalismus Putins, der damals als Reserveoffizier des KGB mit der Unterstützung und Überwachung Sobtschaks betraut war, ein Deckmantel für seinen Hass auf die »Demokraten« war.[8] Wie dem auch sei, Jahre nach dem plötzlichen und geheimnisumwitterten Tod Sobtschaks schildert Putin den einstigen Bürgermeister von Sankt Petersburg nicht als Apostel der absoluten politischen Freiheit, sondern als Anhänger der Ordnung. Auf eine Frage des früheren polnischen Dissidenten Adam Michnik hin fasst Putin die

Leitidee seines Mentors wie folgt zusammen: »Wir haben viele Freiheiten, aber wenige demokratische Institutionen. Redefreiheit, frei arbeitende politische Parteien usw. haben nun aber mit diesen Institutionen zu tun. [...] Demokratie ist nicht dasselbe wie Anarchie, sie ist nicht das Reich des Alleserlaubten.«[9] Es gibt sicherlich liberalere politische Theorien.

Wenn Putins Liberalismus auch durch sein Verlangen nach Ordnung eingeschränkt ist, so lässt sich nicht leugnen, dass er in den ersten Jahren seiner Präsidentschaft zumindest dem Anschein nach eine beispielhafte Ausrichtung an westlichen Werten an den Tag legt. »In der ersten Hälfte seiner Amtszeit«, erklärt Alexander Morosow, »entsprach seine politische Philosophie den europäischen Standards. Philosophische Projekte zum ›russischen Sonderweg‹ interessierten ihn nicht. Er wollte die Verhältnisse in seinem Land den weltweiten Standards in den Bereichen Bildung, Wirtschaft, Gesetzgebung und Eigentumsrecht angleichen.«[10] Tatsächlich weist Putin zu jener Zeit jeden Diskurs über die »russische Idee« als vom westlichen Modell abweichendes zivilisatorisches Projekt zurück. Von Adam Michnik explizit nach seiner Vision der historischen Rolle Russlands und eventuellen Expansionsabsichten befragt, gibt er eine klare Antwort: »Ökonomische Entwicklung der riesigen Territorien, die sich unter der Kontrolle der Russischen Föderation zusammengefunden haben, und Zusammenarbeit mit Europa und der übrigen zivilisierten Welt« im Hinblick auf eine »natürliche Integration in die politischen, ökonomischen und verteidigungstechnischen Strukturen der zivilisierten Länder«.[11] Über die Frage, ob

Russland eher Europa oder Asien zugewandt sei, muss er nicht lange nachdenken: »Aus geographischer Sicht ist Russland natürlich ein eurasisches Land. Doch [...] Russland ist ohne jeden Zweifel ein europäisches Land, weil es ein Land mit europäischer Kultur ist.«[12] Von einer Konfrontation mit der übrigen Welt ist also nirgendwo die Rede. »Wer könnte bei uns ein Interesse an einer Konfrontation Russlands mit dem Rest der Welt und mit einem der mächtigsten Staaten, den USA, haben? Wer könnte daran ein Interesse haben? So jemanden gibt es nicht!«[13] Er betrachtete die NATO nicht als einen Feind.[14] Ebenso versichert er, dass Russland keine Anrechte geltend mache und keine imperialistischen Ambitionen gegenüber irgendeiner Region der Welt hege: »Wir haben nie irgendeine Region der Welt zum nationalen Interessengebiet erklärt.«[15] Russland fühlt sich also in keiner Weise berufen, sich vom Rest dessen, was Putin gern die »zivilisierte Welt« nennt, zu isolieren.

Während seiner ersten Amtszeit von 2000 bis 2004 wiederholt er gegenüber jedem, der es hören will, dass Russland ganz und gar europäisch sei. »[Wir leben in einem Land,] das ein integraler Bestandteil Europas ist und danach strebt, eine wirkliche Kraft in Europa zu werden.«[16] Diese Verbindung sei kulturell geprägt: »Russland ist ein europäisches Land, vor allem in seiner Denkweise, seiner Mentalität, seiner Kultur.«[17] Folglich gebe es den Wunsch, »in Richtung der Rechtsvereinheitlichung mit Europa zu wirken [...] und unsere Zusammenarbeit in alle Richtungen auszuweiten«.[18] Doch wenn er von Kultur spricht, was meint Wladimir Putin dann? Würde er Kant treu folgen, müsste er dabei an die Emergenz von Recht, kritischem Denken sowie politischen, sozialen und rechtlichen Strukturen denken, die die Emanzipation des Menschen ermöglichen. In Wirklichkeit ist der Diskurs des Präsidenten weniger eindeutig, als es den Anschein hat. Wie zu sehen war, verweist er des Öfteren auf den Denker aus Königsberg, doch zumeist unter sehr spezifischen Umständen: zur Verteidigung der Zugehörigkeit Kaliningrads zu Russland oder bei Treffen mit offiziellen Vertretern Deutschlands. Als man ihm 2003 die beinahe schon rituelle Frage nach Russlands Zugehörigkeit zu Europa stellt, antwortet er: »Russland ist selbstverständlich ein europäischer Staat, sowohl durch seine Geographie als auch durch seine Mentalität. Was ist Europa? Die Kultur des antiken Roms, des alten Griechenlands und die byzantinische Kultur, das heißt das Christentum der Ostkirche.«[19] Europa wird von ihm hier in erster Linie durch seine historischen, insbesondere seine christlichen Wurzeln definiert und nicht durch die dort in den letzten Jahrhunderten geleistete philosophisch-juristische Arbeit. Putin argumentiert nicht mehr in Begriffen des Fortschritts, sondern in denen einer zu wahrenden Identität. Außerdem lehnt er die Möglichkeit eines Beitritts Russlands zum politischen Europa ab. Schließlich legt er im selben Interview einen gewissen Unmut über den Vormarsch Europas nach Osten an den Tag. Man darf nicht vergessen, dass 2004 drei frühere Sowjetrepubliken, die baltischen Staaten, der Europäischen Union beitreten werden. Putin beklagt sich: »Manchmal entsteht der Eindruck, dass Russland an den Rand der europäischen Politik gedrängt wird.«[20] Sowohl der Groll auf die europäische

Ostpolitik als auch die identitäre Definition Europas sind bei Putin zu diesem Zeitpunkt bereits vorhanden. Doch die Auswirkungen davon werden erst ein Jahrzehnt später zu spüren sein. Ende 2012 hat sich seine Art, von Europa zu sprechen, radikal gewandelt. Von Union ist keine Rede mehr, stattdessen nur noch von möglichen Annäherungen. »Was die Möglichkeit einer Einbindung Russlands in die EU betrifft, so wissen wir alle recht gut, dass das nicht realistisch ist, weder aus territorialer noch aus ökonomischer Sicht. Doch meines Erachtens sollte es möglich sein, dass wir nach Wegen suchen, uns einander anzunähern, um gemeinsame Synergien zu nutzen.«[21] In der Zwischenzeit hat Putin die »konservative Wende« vollzogen und mit ihr die Ablehnung einer europäischen Bestimmung Russlands.

Doch vielleicht gibt es da noch mehr als Groll, etwas anderes als einen langsamen Wandel der Ansichten über Europa. Putins liberale und proeuropäische, ja prowestliche Positionen finden in anderen Reden und anderen Taten ein Gegengewicht. Das ruft uns ein ehemaliger Vertrauter des russischen Präsidenten in Erinnerung, der liberale Ökonom Andrej Illarionow. Er war von 2000 an der führende Wirtschaftsberater Putins. Ende 2005 dankte er ab und arbeitet seither als *Senior Fellow* für das Cato Institute in Washington, einen wirtschaftsliberalen *Think Tank*. Ihm zufolge ist die Charakterisierung Putins als liberal »eine in der Welt und in Russland weit verbreitete Ansicht. Doch sie ist ungenau« – auch wenn er sich während seiner ersten Amtszeit tatsächlich mit Anhängern der Deregulierung umgeben hat. »Zu behaupten, er sei zu Beginn seines Wirkens liberal gewesen und später konservativ geworden, spiegelt weder seine Sicht der Dinge noch sein Handeln in jener Periode exakt wider.«[22] Ökonomisch betrachtet adoptierte er zunächst »eine im Westen verbreitete, neutrale Wirtschaftsform, weder links noch liberal im klassischen Sinn oder auf der Linie der marktliberalen Philosophie, die ebenso eine Minimierung der Größe und der Rolle des Staats und seines regulierenden Eingreifens wie eine Senkung der Steuern impliziert hätte. Er vertrat einen Ansatz, der, sagen wir, ein klein wenig liberaler war als der damalige Mainstream.«[23] Und politisch betrachtet? Noch weniger, so Illarionow. Auf den Beginn von Putins Karriere im demokratischen Lager verweisend, bekräftigt er: »Anatoli Sobtschak war weder ein Liberaler noch ein Demokrat. Er war ein Kollaborateur des KGB. Doch Putin brauchte einige Zeit lang Sobtschaks liberales und demokratisches Image«,[24] um in der Hierarchie aufzusteigen. Das Ziel Putins und des russischen Inlandsgeheimdienstes, der ihn an die Spitze der Macht befördert hatte, bestand einzig und allein darin, »die Bewegung Demokratisches Russland zu unterwandern. Putin galt als Liberaler, verbarg aber seine wahren Ansichten und verwirklichte eine andere Politik.«[25] Als Beleg zählt Illarionow die Aufsehen erregenden Aktionen der ersten Wochen auf, in denen Wladimir Putin an der Macht war: »Kaum war er im August 1999 zu Jelzins Premierminister ernannt worden, leitete er eine – mehrere Monate im Voraus geplante – Militäroperation in Tschetschenien ein. Im September 1999 gab er den Befehl, in Dagestan Bombenexplosionen zu provozieren, die wie die darauffolgenden den Tschetschenen angelastet wurden, um gegen diese vorgehen zu können. In

Wirklichkeit wurden diese Explosionen von den Geheimdiensten organisiert, um eine Intervention zu rechtfertigen. Es folgten mörderische Bombardements in der Republik Tschetschenien und auf ihre Hauptstadt Grosny, die einhundert- bis zweihunderttausend militärische und zivile Opfer forderten. Dann die Entführung eines bei Radio Liberty arbeitenden unabhängigen Journalisten, Andrej Babizki, und seine Inhaftierung an einem geheimen Ort durch den FSB. Hätte es nicht Proteste für seine Freilassung gegeben, wäre er umgebracht worden. Als Putin im Jahr 2000 ins Präsidentenamt kam, vertrieb er als Erstes den Oligarchen Wladimir Gussinski, um sich seiner Fernsehgesellschaft NTW zu bemächtigen. Dann organisierte er eine Kampagne zur Vertreibung eines weiteren Oligarchen, Boris Beresowski, Hauptaktionär des Fernsehsenders ORT. Auf diese Weise übernahm Putin sofort die Kontrolle über die wichtigsten Medien des Landes. Außerdem ging er gegen die Unternehmer vor, die Anteile an Gazprom hielten; sie wurden ins Gefängnis geworfen.«[26] Ähnlich kritisch sieht Illarionow die Instrumentalisierung der Staatssymbole: »Im ersten Amtsjahr gab es einen gnadenlosen Kampf um die Wiedereinführung der sowjetischen Hymne. Putin war der Einzige, der diese Idee verteidigte. Ein guter Teil der Präsidialverwaltung, mich eingeschlossen, war entschieden dagegen. Letztlich setzte er seinen Willen durch. Die sowjetische Hymne ist zurückgekommen.«[27]

Wenn man die Ansprachen Putins zu Beginn der 2000er Jahre aufmerksam untersucht, stellt man fest, dass er zu den einen nicht die gleichen Dinge sagt wie zu den anderen. Gegenüber seinen europäischen Freunden zitiert er

Kant und beteuert das zutiefst europäische Wesen Russlands. Doch wenn er sich in Asien aufhält – und zu jener Zeit entwickelt er sehr rege diplomatische Beziehungen zum Osten –, klingt das anders. In China zum Beispiel, während seiner ersten Wochen als gewählter Präsident, attackiert er den Westen und seine humanitäre Politik – die demütigende Erinnerung an die Intervention der NATO im Kosovo ist allgegenwärtig. Er weiß, dass er, indem er diesen Punkt betont, bei der chinesischen Führung, die es nicht ausstehen kann, wenn man sich für ihre »inneren Angelegenheiten« interessiert, ins Schwarze trifft. Deshalb sagt Putin: »Wir treffen von Zeit zu Zeit auf neue Bedrohungen, auf sehr gefährliche Ideen, wie zum Beispiel die Einmischung in die inneren Angelegenheiten eines anderen Staates aus sogenannten humanitären Gründen.«[28] Als man ihn fragt, ob sein Büro im Kreml immer noch von einem Porträt des westlich orientierten Kaisers Peter des Großen geschmückt werde, entschuldigt er sich fast: »Heute hängt kein Porträt mehr in meinem Büro, obwohl in meinem Petersburger Arbeitszimmer tatsächlich ein Porträt von Peter I. hing […] Ich habe große Hochachtung vor Peter I. als Reformator«[29] (und nicht als prowestlichem Staatslenker). Putins Liberalismus variiert je nach Längengrad und erlischt im Osten.

In seinem tiefsten Inneren ist Putin kein Liberaler. Sankt Petersburg ist nicht allein die europäische Hauptstadt Russlands. Es ist auch die Stadt der imperialen Macht und der hierarchischen Autorität. Kant ist für Putin vor allem ein Schlüsselwort, um die europäischen Politiker für sich zu gewinnen. Die persönliche Philosophie des Menschen

Putin, einmal abgesehen von seinen Sympathien für die einstige Großmacht Sowjetunion, stammt weder aus Paris noch aus Berlin … sondern aus Japan. Einer der Gründe seiner Popularität in Russland, aber auch im Ausland, ist sein Renommee als Judoka. Er war Stadtmeister von Leningrad; Fotos, auf denen er im Judogi posiert, kämpferisch, konzentriert und leichtfüßig, wurden von ihm großzügig in Umlauf gebracht. Im Jahr 2000 erklärt Putin, Judo sei »nicht nur ein Sport, sondern auch […] eine Philosophie«.[30] 2013 wiederholt er den Gedanken: »Judo vereint in sich einzigartige Kampftechniken und eine ursprüngliche und tiefgründige Philosophie«, die »die besten menschlichen Eigenschaften schult«.[31] Welche das sind? In einem Interview mit japanischen Journalisten erinnert er daran, dass Judo »Weg des sanften Nachgebens« bedeute: »Es ist eine Philosophie, die die Evolution der Revolution vorzieht.« Putin zufolge lehrt uns diese Philosophie, »das, was wir haben, zu nutzen und zu achten«,[32] Kräfte, die völlig ausreichen, um den Gegner zu Fall zu bringen. Er hebt die Grundlagen des Judo hervor: »Respekt vor dem Partner, wer er auch sei. Respekt vor den Älteren, vor seinen Lehrern; eine Art, Probleme anzugehen, die nicht auf roher Kraft beruht, sondern auf Können, auf Taktik und natürlich auf Willensstärke.«[33] Genau so agiert Putin in den ersten Jahren seiner Präsidentschaft. Er geht auf alle möglichen Partner zu, im Osten wie im Westen. Er erweist ihnen seinen Respekt und wartet ihre Reaktion ab. Der Weg des sanften Nachgebens besteht darin, zunächst dem anderen Vertrauen einzuflößen, ihn zu beobachten, zu ergründen, auf welche Kraft er sich wohl stützen mag, um ihn dann aus dem Gleichgewicht zu bringen. Deshalb ist Putins Liberalismus nur eine Facette seines Umgangs mit Problemen, eine Art, die Machthaber im Westen in Sicherheit zu wiegen, während man auf ihre ersten Fehler wartet, um sie zu überraschen.

3. KAPITEL

DIE ERSTE PHILOSOPHISCHE LIEBE DES PRÄSIDENTEN

An einem Freitag im September 2005 schweben die Verklärer eines weißen Russlands[1] im siebten Himmel. Unter dem Gewölbe der orthodoxen Alexander-Newski-Kathedrale an der Rue Daru in Paris erklingt das bewegende Gebet »Ewiges Gedenken« für die Verstorbenen, gesungen von einem eigens aus Russland angereisten Chor. Die Priester, ob sie nun zum Exarchat der russisch-orthodoxen Gemeinden in Westeuropa, zum Patriarchat von Moskau oder zu der seit jeher dem vorrevolutionären Russland nostalgisch verbundenen Russisch-Orthodoxen Auslandskirche gehören, schwenken ihre Weihrauchfässchen. Unter den »Moskowitern« befindet sich ein junger Priester, der Archimandrit Tichon Schewkunow. Er steht einem prachtvollen Kloster mitten im Zentrum Moskaus vor, nur zwei Schritte vom Sitz des FSB entfernt, und gilt als Beichtvater Putins. In der ersten Reihe sind bedeutende Persönlichkeiten versammelt, unter ihnen der russische Kulturminister und der Botschafter Russlands in Frankreich. Doch der Star des Tages ist ein anderer: der Filmemacher Nikita Michalkow. Unter seiner Regie wird diese Messe zu Ehren mehrerer kürzlich exhumierter Leichname abgehalten. Der erste ist der von Anton Denikin (1872–1947), dem General der Weißen Armee, der zuvor in New York begraben lag. Der zweite der seiner Gattin, die in der Pariser Banlieue auf dem russischen Friedhof von Sainte-Geneviève-des-Bois bestattet war, wo auch der Schriftsteller Iwan Bunin, der Tänzer Rudolf Nurejew und der Filmemacher Andrej Tarkowski begraben liegen. Der dritte Leichnam kommt aus der Schweiz. Der Mann, zu dem diese sterbliche Hülle gehört, ist der breiten Öffentlichkeit weniger bekannt als Denikin; es handelt sich um den russischen Philosophen Iwan Iljin (1883–1954). Einige Tage später findet auf dem Friedhof des Moskauer Donskoi-Klosters eine weitere Zeremonie statt. Dort bestattet man diese drei Persönlichkeiten mit großem Pomp, an der Seite eines nach Frankreich emigrierten russischen Schriftstellers, Iwan Schmeljow (1873–1950), dessen Leichnam fünf Jahre zuvor zurückgeholt wurde. Nikita Michalkow hält eine überschwängliche Rede über diesen symbolischen Akt der nationalen Versöhnung zwischen rotem und weißem Russland. Einige Monate darauf werden die Archive Iwan Iljins aus den Vereinigten Staaten nach Russland repatriiert. Kremlnahe Unternehmer, allen voran Wiktor Wekselberg, haben, sicherlich auf die ausdrückliche Bitte des Präsidenten hin, die Operation finanziert. Sie ist Bestandteil eines Programms mit dem Namen »Für Versöhnung und Einheit«, dessen Ziel es ist, die aus der Revolution von 1917 hervorgegangenen sozialen und kulturellen Verwerfungen zu beseitigen. Im Namen dieses Programms wurden die sterblichen Überreste von Denikin, Schmeljow und Iljin nach Moskau überführt. Laut Sergej Markow, Mitglied der Gesellschaft-

lichen Kammer, deren Auftrag seit 2005 die Repräsentation der Zivilgesellschaft ist, steht Putin »Iwan Iljin ganz
offensichtlich nicht gleichgültig gegenüber«.[2] Archimandrit
Schewkunow schmückt aus: Der Präsident habe die Gräber dieser Repräsentanten des weißen Russlands in sehr
schlechtem Zustand vorgefunden, sich darüber empört
und entschieden, etwas zu unternehmen.[3] Putin soll selbst
die Entwürfe für die neuen Grabstätten überwacht haben.
Am 24. Mai 2009, während seiner Interimszeit als Premierminister, in der er die Präsidentschaft Dmitri Medwedew
überlassen hat, besucht er persönlich die Gräber und legt
Blumen nieder. Das ist kein Zufall. Iwan Iljin ist zu seinem
Hausphilosophen geworden, den er in seinen wichtigsten
Reden zitiert. Iljin, während der Sowjetzeit in Russland nahezu unbekannt und auch im Kreis der sehr ertragreichen
russischen Emigrationsphilosophie der Zwischenkriegszeit
eine eher marginale Figur, verdankt seine derzeitige Popularität in Russland vor allem Putin.

Doch es war mit Sicherheit Nikita Michalkow, der Putin
als Erster von Iljin erzählte. Man darf nicht vergessen, dass
der in Russland allseits bekannte Schauspieler und Regis-
seur, der vor allem mit seinen Filmen *Schwarze Augen* und
Die Sonne, die uns täuscht zu Weltruhm gelangte, seit dem
Zusammenbruch der UdSSR eine immer prägendere me-
diale und politische Rolle spielt. Und dieser Michalkow ist
verliebt in das zaristische Russland. Gegen Ende der Jelzin-
Ära, als er eigene Ambitionen auf das Präsidentenamt zu
hegen schien, besetzte er sich in *Der Barbier von Sibirien*
(1998) selbst als Alexander III., den konservativen Kaiser
im ausgehenden 19. Jahrhundert. Danach entwickelte der

Filmemacher sich zu einem engen Vertrauten Wladimir Putins. Sicherlich begann Putin erst auf seine Vermittlung hin mit der Lektüre Iwan Iljins. Für den Historiker Nikolai Mitrochin, Spezialist für den russischen Nationalismus und Mitarbeiter an der Forschungsstelle Osteuropa der Universität Bremen, »ist das Michalkow zu verdankende persönliche Interesse Putins an Iljin unbestreitbar«.[4] Seit der Perestroika sind das vorrevolutionäre Russland und die nach der Revolution emigrierten russischen Eliten *en vogue*. Putin entzieht sich dieser Mode nicht. Als Petersburger empfindet er eine gewisse Faszination für die aus der kaiserlichen Hauptstadt ins Exil gegangenen Intellektuellen, Militärs und Politiker. »Unsere Besten«, als die sie vor allem in den 1990er und 2000er Jahren im Fernsehen unaufhörlich gepriesen werden, ließen in Paris, Berlin, Prag oder New York unter oft sehr schwierigen Bedingungen die Künste und das russische Denken erblühen. Jetzt ergötzt man sich billig am Mythos dieses rein gebliebenen »wahren Russlands«. Jetzt erweckt man den Anschein, als wolle man den Emigranten die gebührende Ehre zuteilwerden lassen. Jetzt werden sie selbst im Kreml prunkvoll empfangen, vor allem dann, wenn sie sich kooperativ mit der Macht zeigen. Mit dem staatlichen Kulturfonds im Rücken, dessen Vorsitzender er ist, wählt Michalkow die reaktionärsten der russischen Emigranten aus und instrumentalisiert sie politisch, bevor er sie seinem Freund Putin »offeriert«.

Iwan Iljin war Hegel-Spezialist. Ihm widmete Iljin seine Doktorarbeit, die den Titel »Die Philosophie Hegels als Lehre über die Konkretheit Gottes und des Menschen«

trägt. Er steht in der Tradition des vom deutschen Idealismus beeinflussten religiösen Denkens, die in Russland
seit dem 19. Jahrhundert sehr lebendig ist. Das klingt
dann folgendermaßen: »Der Mensch kommuniziert mit
dem göttlichen Element der Welt und tritt im Moment der
spirituellen Erfahrung in lebendigen Kontakt mit Gott.«[5]
Iljin wendet sich heftig gegen die Oktoberrevolution von
1917 und wird schließlich aus Russland verbannt: 1922 verlässt er in Begleitung mehrerer Dutzend Intellektueller auf
einem der sogenannten »Philosophenschiffe«[6] das Land.
Er lässt sich in Deutschland nieder. Dort veröffentlicht er
1925 eines seiner berühmtesten Werke, eine Mischung aus
Hegelscher Dialektik und Aufruf zum Kampf gegen das
bolschewistische Russland *(Über den gewaltsamen Widerstand gegen das Böse)*. Darin weist er die durch Leo Tolstoi popularisierte Theorie der Gewaltlosigkeit zurück. Iljin
will zeigen, dass man nicht gegen die christliche Ethik (an
der er weiterhin festhält) verstößt, wenn man sich dem Bösen widersetzt, notfalls mit Gewalt. Wenn man gegenüber
einer Aggression von außen alle friedlichen Mittel aus-
geschöpft hat, muss man zum Schwert greifen. In diesem
Akt liegt laut Iljin sogar eine historische Notwendigkeit. Er
schreibt: »Die gesamte Geschichte der Menschheit lässt
sich wie folgt zusammenfassen: Zu verschiedenen Zeiten
und in vielerlei Gemeinschaften *sind die Besten unter den
Schlägen der Schlimmsten gestorben*. Und das setzt sich fort,
solange sich die Besten nicht entschließen, den Schlimmsten planmäßig und organisiert Widerstand zu leisten.«[7] So
wie Putin gegen die Tschetschenen, gegen bestimmte Oligarchen wie Boris Beresowski, Wladimir Gussinski oder

auch Michail Chodorkowski, gegen die NATO und gegen die demokratische Opposition. Diese »virile« Moral, die darin besteht, die Gewalt im Namen des Guten zu rechtfertigen, hat bei ihrem Erscheinen etliche Polemiken auf den Plan gerufen, so sehr scheint sie die staatliche Gewalt zu legitimieren. Ein anderer russischer Philosoph, Nikolai Berdjajew, nimmt in dieser Ethik Keime des Autoritären, ja Totalitären wahr, und das bei einem Autor, der sich als Antikommunist versteht. »Iwan Iljin ist durch das Gift des Bolschewismus kontaminiert worden«, schreibt er. »Im Grunde können die Bolschewiken Iwan Iljins Buch vollkommen gutheißen. Sie betrachten sich als die Überbringer des absoluten Guten und widersetzen sich im Namen dieses Guten mit Gewalt all jenen, die sich dem Bösen verschreiben.«[8] Man versteht, dass die glühend antisowjetische Philosophie Iljins für die postkommunistischen Eliten verführerisch sein konnte; laut Berdjajew würden sie dieselbe Moral teilen. Als die Nazis 1933 in Deutschland an die Macht kommen, veröffentlicht Iljin einen Artikel mit der Absicht, ausgewogen über »den neuen nationalsozialistischen Geist« zu berichten. Nach einer Analyse, die die Verfolgung der Juden systematisch kleinredet, schreibt er in seinem Fazit diesem Geist positive Züge zu: »Patriotismus, Glaube an die Identität des deutschen Volkes und an die Kraft des germanischen Genius, Ehrgefühl, Bereitschaft zur Selbstaufopferung, Disziplin, soziale Gerechtigkeit, klassenübergreifende, brüderliche und nationale Einheit. Dieser Geist ist die grundlegende Substanz der gesamten Bewegung. Er brennt im Herzen jedes aufrichtigen Nazis, spannt seine Muskeln, klingt in seiner Stimme wider und leuchtet in seinen Augen. Es genügt, diese glaubenden, ja, glaubenden Gesichter zu sehen. Es genügt, diese Disziplin zu sehen, um den Sinn dessen zu verstehen, was hier geschieht, und sich zu fragen: ›Gibt es auf Erden ein Volk, das sich weigern würde, für sich eine Bewegung dieses Ausmaßes und dieses Geistes zu schaffen?‹ Kurzum, dieser Geist verschwistert den deutschen Nationalsozialismus mit dem italienischen Faschismus. Und nicht allein mit ihm, sondern auch mit der Bewegung des weißen Russlands.«[9] Diese Sympathien, auch wenn sie nur vorübergehend waren, wurden in den russischen Filmen, die dem Philosophen in den Jahren 2000 bis 2010 gewidmet wurden, sorgfältig ausgeblendet. Es stimmt ja auch, dass Iljin bald darauf mit den Nazis in Konflikt gerät. Sie verlangen seine Hilfe, um die russischen Emigranten für die Hitlerideologie zu gewinnen. Er weigert sich und sieht sich daraufhin seiner Lehrposten enthoben. 1938 emigriert er in die Schweiz. Nach dem Krieg zählt er die »Fehler« des Faschismus und des Nationalsozialismus auf, darunter ihr antireligiöses und antichristliches Wesen, die Schaffung eines totalitären Staates und einer Einheitspartei, den extremen Nationalismus und den Despotismus. Es stimmt aber auch, dass er Franco und Salazar begrüßt, die »das verstanden haben und versuchen, diese Fehler zu vermeiden. Sie bezeichnen ihre Regime nicht als ›faschistisch‹. Hoffen wir, dass die russischen Patrioten die Fehler des Faschismus und des Nationalsozialismus gründlich überdenken und sie nicht wiederholen.«[10] Nikolai Mitrochin ist der Ansicht, dass Iljin mit dieser Sichtweise für Putins Regime »die russische Alternative zum Faschismus« darstellt,[11] eine Möglichkeit, den Faschismus zu umgehen und doch ganz eng mit ihm zu verkehren. Iljin, der bis zu seinem Tod in der Schweiz ansässig ist, bleibt jenen »Weißen«, die am radikalsten antibolschewistisch eingestellt sind, stets sehr nah. Er liefert der vom »weißen« General Wrangel gegründeten und zum Sturz der Sowjetmacht bestimmten Russischen All-Militärischen Union (ROWS) eine ideologische Basis. Er ist jedoch keineswegs, auch wenn dies Nikita Michalkow in dem Iljin gewidmeten Fernsehfilm behauptet, »der berühmteste russische Philosoph«.[12] Sein Werk ist weitaus weniger kommentiert und übersetzt als beispielsweise das von Schestow, Berdjajew oder Sergej Bulgakow, um nur einige wenige andere emigrierte Denker seiner Zeit zu nennen. Zudem ist er vor allem im postsowjetischen Russland bekannt, und auch dort weniger für seine Arbeiten über Hegel, die Religion oder die Kunst, als vielmehr für seine Streitschriften. Die zwischen 1948 und 1954 verfassten Artikel sind in einem programmatischen Sammelwerk über Russlands Zukunft mit dem Titel *Naschi Sadatschi (Unsere Aufgaben)* vereint. Diese beiden, 1993 neu aufgelegten Bände sind es, die nun auf den Nachttischen von Putins bedauernswerten Funktionären liegen.

Sie fühlten sich verpflichtet, den »großen Philosophen« zu lesen und bei jeder Gelegenheit zu zitieren, nachdem der Präsident ihn mehrmals in seinen Reden angesprochen hatte. Auch am 25. April 2005 während der feierlichen Ansprache an die Föderale Versammlung, das heißt vor den Repräsentanten der beiden Kammern (der Duma und dem Föderationsrat), die einmal im Jahr zusammenkommt, um die Bilanz des Präsidenten und sein Programm für die kommenden Monate zu hören, zitiert Putin Iljin. Doch dieses Mal setzt der Präsident den Philosophen zum ersten Mal auf subtile Weise ein. In einer Passage seiner Rede, die dem Aufbau eines wirksamen politischen und rechtlichen Systems, Garant für die Entwicklung der Demokratie im Land, gewidmet ist, ruft er die Verwaltung und die Repräsentanten dazu auf, ihre Macht nicht zu missbrauchen und alles für die »Konsolidierung der Institutionen für eine wirkliche Demokratie« zu tun.[13] Dieser gegen die »formale Demokratie« gerichtete Begriff könnte ebenso gut der marxistischen Vulgata wie dem Denken Iljins entstammen. Und doch wird nur einige Monate darauf, im September 2005, ein aus Persönlichkeiten der Zivilgesellschaft zusammengesetztes beratendes Organ mit dem Namen »Gesellschaftliche Kammer« geschaffen, um diese »wirkliche Demokratie« zu fördern. In seiner Rede führt der Präsident weiter aus: »Die Macht des Staates, schrieb der große russische Philosoph Iwan Iljin, hat ihre Grenzen«, denn die Macht »kommt von außen zum Menschen«.[14] Seine Rede mit einem langen Zitat fortsetzend, mahnt Putin mit den Worten Iljins, »das wissenschaftliche, religiöse und künstlerische Schöpfertum«[15] nicht zu regulieren und sich nicht in moralische Belange einzumischen.

Dieses erste große Iljin-Zitat wirkt wie eine völlig neue Nuance neben der Diktatur des Gesetzes und der Vertikale der Macht, für die Putin seit seinem Amtsantritt als Präsident wirbt. Es ist eine Erinnerung daran, dass die Macht, da sie vom Volk ausgeht, die Gefühle des Volkes nicht erzwingen dürfe. Doch man versteht Iljins Idee erst richtig, wenn man das ganze Kapitel aus dem ersten Buch von *Unsere Aufgaben* liest, aus dem dieser Auszug stammt. Unter dem Titel »Die wichtigste Aufgabe des künftigen Russland« entfaltet sich ein programmatischer Text über die möglichen Ereignisse im Land nach dem Untergang des Kommunismus und darüber, was man tun müsse, damit Russland dem Chaos entgeht. »Wir wissen weder wann noch wie der kommunistischen Revolution in Russland Einhalt geboten wird«, räumt Iljin ein. »Doch wir wissen, was die Hauptaufgabe für das Heil und den nationalen Wiederaufbau sein wird: der Aufstieg der Besten nach ganz oben – Männer, die Russland ergeben sind, ein Gespür für seine Nation haben, seinen Staat denken, energisch, kreativ, dem Volk nicht Rache und Niedergang bringen, sondern den Geist von Befreiung, Gerechtigkeit und Eintracht zwischen allen Klassen. Wenn die Wahl dieser neuen Männer Russlands gelingt und schnell geschieht, dann wird Russland sich wieder erholen und im Zeitraum einiger Jahre wiedergeboren werden. Andernfalls wird Russland vom revolutionären Chaos in eine lange Periode der postrevolutionären Demoralisierung, des Niedergangs und der Abhängigkeit vom Ausland stürzen.«[16] Man kann sich vorstellen, dass Putin wie vom Donner gerührt gewesen sein muss, als Michalkow ihm diese Zeilen zu lesen gab. Das ist mehr als nur ein Programm – das ist ein Porträt, das nur noch vollendet werden muss … Etwas später im Text ruft Iljin zur Konstruktion einer neuen »russischen Idee« auf. Diese könne jedoch nicht »die Idee des ›Volkes‹, der ›Demokratie‹, des ›Sozialismus‹, des ›Imperialismus‹, des ›Totalitarismus‹ […] sein. Eine neue Idee muss her, ihrer Quelle nach religiös und ihrer geistigen Ausrichtung nach national. Nur eine solche Idee wird das Russland von morgen zu neuem Leben erwecken und neu begründen können.«[17] Indem Putin einen vergleichsweise harmlosen Satz aus diesem Text zitiert, regt er mithin alle führenden russischen Politiker und Funktionäre an, dieses Porträt indirekt als eines seiner Person und seines Handelns zu lesen. Dabei handelt es sich 2005 noch nicht um eine strukturierte Philosophie, sondern um eine prophetische und schmeichelhafte Inspiration.

Ein Jahr darauf setzt Wladimir Putin unter ebenso feierlichen Umständen an genau dieser Stelle wieder an. In seiner nächsten Botschaft an die Föderale Versammlung erwähnt er einen weiteren Aspekt des Iljinschen Denkens. Mit Betonung auf die Zugehörigkeit der Armee zur Gesellschaft und zur Nation skandiert er: »Bei seinen Überlegungen zu den elementaren Prinzipien, auf deren Basis der russische Staat aufgebaut werden sollte, merkte der berühmte russische Denker Iwan Iljin an, dass Soldat ein hoher und ehrenvoller Titel sei. Und, fügte er hinzu, ›er repräsentiert die Einheit des gesamten russischen Volkes, den Willen, die Kraft und die Ehre des russischen Staates‹.«[18] Unter diesem Blickwinkel, hebt der Präsident hervor, müsse man immer bereit sein, einer »potentiellen Aggression von außen« entgegenzutreten.[19] Wiederum einige Jahre später zitiert Putin den offiziellen Ideologen der Weißen Armee abermals. Während einer Zeremonie zu Ehren der Absolventen der Militärakademien beteuert er: »Wie der berühmte Philosoph Iwan Iljin sagte: ›Die russische Armee wird niemals die Traditionen von Suworow vergessen, nach dessen fester Überzeugung der Soldat eine

Persönlichkeit ist‹.«[20] Auch hier behält das Zitat eine lokal eingeschränkte Bedeutung. Dennoch steht es für den Willen Putins, die russische Militärmacht zu restaurieren, indem er ihr einen festen Platz in der Geschichte des russischen Reichs zuweist.

Erst durch das Studium des Kontextes wird ersichtlich, dass Iljin eine kohärente Theorie zur Ausübung der Macht, zu einem an Russland angepassten politischen Regime und zu Russlands politischer und historischer Rolle in der Welt unterbreitet. Iljin ist zwar bis ins Mark Antikommunist, deshalb aber noch lange kein Bewunderer der westlichen Demokratie. Er weigert sich, zwischen dem »Totalitarismus, komme er von links, von rechts oder aus der Mitte«, und »dem Weg der westeuropäischen Demokratie«, dem der »formalen Demokratie«, eine Wahl zu treffen. Er träumt von einer »demokratischen Diktatur«, die nicht auf Arithmetik gegründet ist, sondern eine »Demokratie der Qualität, der Verantwortlichkeit und des Dienstes« sein soll.[21] Er stellt sich vor, was passiert, wenn die kommunistische Macht zusammenbricht, und kündigt an, dass nach einem »einige Jahre währenden Chaos«,[22] gewaltsamen Auseinandersetzungen und »von ausländischen Mächten unterstützten Separationsbestrebungen« die »nationale Diktatur« das Heil bringen wird. Wahlen werden keine wichtige Rolle mehr spielen. Und das ist längst nicht alles, denn Iljin hofft auf einen »Führer«, der »weiß, was zu tun ist«. Womit er meint, dass der »Führer dient«, statt Karriere zu machen; kämpft, statt eine Statistenrolle zu spielen; den Feind schlägt, statt leere Worte zu verkünden; lenkt, statt sich ans Ausland zu verkaufen«.[23] Putins Programm ist geschrieben. Das Modell der »Vertikale der Macht« und der »souveränen Demokratie« sowie (als gemeinsamer Punkt mit dem Sowjetsystem) die Feindseligkeit gegenüber den ausländischen Mächten gehen aus ihm hervor.

Wie lautet Iljins Doktrin über die Beziehungen Russlands zum Rest der Welt? Die von Putin meistgeschätzte Schrift Iljins[24] trägt bezeichnenderweise den Titel »Was verheißt der Welt die Aufteilung Russlands?«.[25] In ihr vermischen sich der Hegelianismus, Militarismus und imperiale Nationalismus des Philosophen. Wenn Putin diese Schrift tatsächlich studiert hat, dann hat er sich keineswegs blindlings und unvorbereitet auf sein ukrainisches Abenteuer eingelassen. Denn Iljin nimmt darin eine typisch posthegelianische Perspektive ein und behauptet, dass Russland kein »künstlich fabrizierter Mechanismus« sei, sondern ein »historisch gewachsener und kulturell gerechtfertigter Organismus«. Es sei folglich unmöglich, diesen zu zerstückeln, ohne dass er dabei leidet oder gar zugrunde geht. In einem wiederum sehr hegelianisch anmutenden Kampf würden die »imperialistischen Nachbarn« mehr oder weniger unverhohlen versuchen, Territorien an sich zu reißen, die unter natürlicher Kontrolle Russlands stünden, wie die Ukraine, das Baltikum, den Kaukasus, Zentralasien usw. »Man wird Russland in gigantische ›Balkanstaaten‹, in ewige Konfliktquellen verwandeln.« Warum aber sollte die Welt danach trachten, Russland anzugreifen? »Weil die westlichen Völker die russische Eigenständigkeit weder verstehen noch ertragen.« Ihr Ziel sei es deshalb, »Russland zu zerstückeln, um es unter westliche Kontrolle zu bringen, es aufzulösen und schließlich verschwinden zu lassen.«[26] Dabei verfolgten sie laut Iljin die Methode der heuchlerischen Werbung für Werte wie die »Freiheit«.[27] Für Iljin sind manche »Volksstämme« nicht imstande, Staaten zu werden, und müssten daher unter der Kontrolle benachbarter Staaten bleiben. Dazu zählt er unter anderen Flamen, Wallonen, Kroaten, Slowenen, Slowaken, Basken, Katalanen. Doch eigentlich hat er diejenigen Völker im Sinn, die das russische Reich bildeten, und die ukrainischen, kaukasischen oder asiatischen »kleinen Brüder«. Auch was diesen Aspekt angeht, diente Iljin Putin als Souffleur für sein Programm der kommenden Jahre. Erst wurde sein Werk von einem verblüfften Michalkow wiederentdeckt, um dann zur vollen Realisierung an Putin weitergereicht zu werden.

4. KAPITEL

DIE KONSERVATIVE WENDE

Einen Monat nach seinem Aufstieg zum Präsidenten wird Putin von einem Studenten frei heraus angesprochen: »Das Älterwerden der Seele führt zum Konservatismus. Was meinen Sie dazu?« Antwort des Präsidenten, dessen mannhaftes und sportliches Aussehen einen starken Kontrast zu dem des alten und kranken Boris Jelzin bildet: »Ich möchte Ihnen versichern: Ich fühle mich eher jung. Jedenfalls spüre ich mein Alter nicht.«[1] Daraus folgt: Er will einen Wandel für sein Land, er ist ein Reformer und Liberaler, kein Konservativer. Dreizehn Jahre später, als man ihn bittet, die Sentenz »Viele werden mit dem Alter konservativ« zu interpretieren, stimmt er zu: »Sie haben zweifelsohne recht. Gleichwohl denke ich, dass das einen bestimmten Sinn hat, denn Konservatismus bedeutet nicht Stagnation. Konservatismus heißt zwar, sich auf traditionelle Werte zu stützen, allerdings um die Entwicklung besser in den Blick zu nehmen.«[2]

Was ist in der Zwischenzeit geschehen? Wenn Putin sich zu Beginn auch als Modernisierer versteht, so doch nicht ohne eine gewisse Strenge. Sehr bald florieren Äußerungen des Präsidenten, die die Demokraten schockieren: »Diktatur des Gesetzes«, »Vertikale der Macht«, Restauration der Stabilität und der russischen Stärke. Als er im Juni 2000 diese Konzepte gegenüber den deutschen Medien rechtfertigen soll, verteidigt er seine Version eines »starken Staates«, der trotzdem kein Element von »Diktatur« enthalte. Um dem »westlichen Ohr«, das er bereits zu sensibel findet, gefällig zu sein, macht er das Zugeständnis, statt von einem »starken« von einem »effektiven Staat« zu sprechen.[3] Er macht die »drohende Entwicklung Russlands in eine oligarchische Richtung«[4] als Grund geltend, um die mächtigen Geschäftsmänner der 1990er Jahre zu unterwerfen, einzusperren oder außer Landes zu jagen. Ende 2002 fasst er das Credo seiner ersten Amtszeit zusammen: »Die Leute wollen Stabilität. Sie wollen nicht Immobilität und Stagnation [...], sondern Stabilität im positiven Sinn des Wortes. Sie wollen Licht am Ende des Tunnels sehen; sie wollen besser leben; sie wollen, dass ihre Kinder die Aussicht auf ein besseres Leben haben.«[5] So weist er jeglichen »politischen Populismus«[6] von sich und behauptet, seine Politik einem Projekt kontrollierter Reformen zu verschreiben. Einige Monate später taucht gleichwohl in manchen seiner Deklarationen ein neuer Akzent auf. In der Petersburger Eremitage bekräftigt er, dass »die Kultur ein sehr bedeutender Träger von Traditionen ist, durch die dem russischen Volk in einer geeinten Gesellschaft Gestalt verliehen und die Basis des russischen Staates erschaffen wird.«[7] Ist das bereits der Effekt des Alters? Wie dem auch sei, er dekliniert nun eifrig die Idee durch, dass die Kultur der nationale Zement sei, der die traditionellen Werte zusammenhält. Er beginnt sogar, dieser Apologie der Kultur und der Wurzeln eine moralische Bedeutung hinzuzufügen. Obwohl ihm nach wie vor daran gelegen ist, zu betonen, dass »der Staat modern sein muss«, rühmt er das »heilige Russland«, »das Wiederaufleben der Traditionen, das Wiederaufleben der moralischen und ethischen Grundlagen unserer Kultur, die natürlich auf christlichen Werten beruht.«[8]

2004 kristallisiert sich Putins Wandel im Zuge eines Ereignisses heraus, das sich zu Beginn seiner zweiten Amtszeit zuträgt. Am 1. September jenes Jahres kommt es zur Tragödie von Beslan. Am ersten Schultag nehmen tschetschenische separatistische Rebellen in der kleinen Stadt im russischen Kaukasus eine Schule als Geisel. Bei der gewaltsamen und chaotischen Befreiungsoperation der russischen Spezialkräfte verlieren 344 Personen ihr Leben, darunter 186 Kinder. Zwei Wochen später kündigt Putin an, dass die Gouverneure der Regionen von nun an nicht mehr gewählt, sondern bestimmt werden. Er rechtfertigt diesen Demokratierückzug mit der Nachlässigkeit der lokalen Verantwortlichen. Sein Diskurs wird im selben Moment deutlich konservativer. Zunächst äußert er die Ansicht, dass die »Terroristen«, wenn sie »religiöse Parolen« rufen, dies vor allem aus »religiöser Unwissenheit« tun.[9] Er ruft somit die Religionen dazu auf, die Gläubigen vom Extremismus abzubringen. Indem er vorgibt, als wisse er nicht mehr, dass schlecht verdaute religiöse Lehren oftmals zur Radikalisierung führten, entscheidet Putin kurzerhand, die orthodoxe Kirche zu seiner Verbündeten bei der »moralischen Stärkung« des Volkes zu machen. Er ist, wie er einige Jahre später zugeben wird, tatsächlich der tiefen Überzeugung, dass »die moralischen Werte, ohne die weder die

Menschheit als Ganzes noch der konkrete einzelne Mensch leben können, keine anderen als religiöse Werte sein können«.[10] Wenn er auch, auf etwas rhetorische Art, noch immer das multikonfessionelle Wesen der Russischen Föderation betont, so stützt er sich nun doch sehr offen auf das mächtige orthodoxe Patriarchat von Moskau – denn »das orthodoxe Glaubensbekenntnis ist nun einmal schlichtweg das bei uns am weitesten verbreitete. Fast 80 Prozent der russischen Bevölkerung fühlen sich auf die eine oder andere Weise mit dem orthodoxen Glauben verbunden.«[11]

Neben dem Trauma von Beslan, das Putin davon überzeugt, sich mit der Kirche zu verbünden und ihr die Aufgabe der »Entwilderung« des Volkes anzuvertrauen, wird der Präsident auch von den sogenannten Farbrevolutionen erschüttert, die gerade das »nahe Ausland« destabilisieren. Ende 2003 bringt in Georgien die Rosenrevolution den jungen, proamerikanischen Demokraten Micheil Saakaschwili an die Macht. Ein Jahr darauf fegt in der Ukraine die Orange Revolution den prorussischen Kandidaten Wiktor Janukowitsch hinfort, zugunsten des prowestlichen Reformers Wiktor Juschtschenko. Wladimir Putin beginnt nunmehr, sich noch entschlossener den traditionellen Werten zuzuwenden. Er fühlt sich von feindlichen Mächten umringt, da einige aus der UdSSR hervorgegangene Völker entschieden haben, das sowjetische Universum und das russische Patronat zu verlassen. Er sieht darin, ohne den eigenen Willen der Völker in Betracht zu ziehen, lediglich eine Operation der CIA. Etwas später ersinnt ein Berater des Kremls, Wladislaw Surkow, unterstützt von Gleb Pawlowski, den Begriff der »souveränen Demokratie«, um

den Unterschied im politischen Ansatz Russlands zu kenn-
zeichnen. Souverän ist die russische Demokratie in dem
Sinn, dass sie sich weigert, im Rhythmus der westlichen
Mächte zu leben und vor allem jegliche Einmischung in
ihre Angelegenheiten zurückweist.[12] Während Putin diesen
Typus technokratischer Konzepte seinen Beratern über-
lässt, besetzt er ein anderes Thema, das zum Dreh- und
Angelpunkt seines konservativen Abdriftens werden wird.
Die Demographie genießt künftig nationale Priorität. Es
geht tatsächlich darum, einen Niedergang aufzuhalten, der
dramatische Konsequenzen für das Land zu haben droht.
Der Präsident macht daraus eine nicht nur soziale, sondern auch moralische Frage. Während eines Treffens mit
dem Patriarchen von Moskau, Alexius II., im August 2004
unterbreitet er einen Plan, der »den demographischen
Problemen im Land, der Stärkung der Familie, ethischen
Fragen und den Problemen des hierzulande sehr häufi-
gen Schwangerschaftsabbruchs« gewidmet ist.[13] Das Hin-
übergleiten von der Verteidigung traditioneller familiärer
Werte zur Homophobie zeichnet sich hier ab. Einige Jahre
später gibt sich Putin nicht mehr nur mit Andeutungen
zufrieden, sondern stellt einen direkten Zusammenhang
zwischen Geburtenförderungspolitik und Kampf gegen die
Homosexualität her. In seiner Antwort auf eine Frage zu
Gay Pride verkündet er: »Meine Haltung zur Schwulen-
parade und zu sexuellen Minderheiten ist sehr einfach. Sie
hängt mit der Erfüllung meiner Pflichten zusammen und
mit der Tatsache, dass eines der Hauptprobleme des Landes demographischer Natur ist. (*Applaus.*)«[14] Das ist nur
der Anfang. Auch im Verhältnis des Präsidenten zu den

neuen Technologien manifestiert sich sein Konservatismus. Er bekennt sich dazu, nicht per E-Mail zu kommunizieren.[15] Er kritisiert das Internet und die durch das weltweite Netz verursachten »Probleme«.[16] Einige Jahre darauf beklagt er die Abkehr vom Buch, die ihm zufolge der »schnellen Entwicklung der digitalen Technologien« geschuldet sei und einen »Verfall des allgemeinen Kulturniveaus« nach sich zöge.[17] Die Beschränkung des Internetzugangs gehört zum intellektuellen Programm des Präsidenten.

Ein letzter Aspekt auf Putins Weg zum Konservatismus, der während seiner zweiten Amtszeit Form annimmt: die Verteidigung der »kulturellen Immunität Russlands« gegenüber ausländischen Invasionen. 2007, im Jahr seiner berühmten »Münchner Rede«, in der er sich heftig gegen eine von den USA und ihren europäischen Verbündeten angepriesene monopolare Ordnung wendet, taucht die Idee auf, man müsse der Kultur nicht nur eine moralische und erzieherische Rolle einräumen, sondern sie ebenfalls vor fremder Ansteckung bewahren. »Natürlich müssen wir die Kulturen anderer Länder verstehen und akzeptieren«, nuanciert Putin, bevor er verkündet: »Vor allem aber müssen wir alle Bedingungen schaffen, damit sich die Formung der jungen Generation in der günstigen Atmosphäre der vaterländischen Kultur vollzieht«, um ihre »geistige Reife« zu fördern.[18] Die Kultur wird wie zur Sowjetzeit zu einem bewaffneten Arm der nationalen Politik.

Wladimir Putins Rückkehr an die Macht im Mai 2012, nach dem Medwedew-Intermezzo, steht im Zeichen eines immer offener bekannten Konservatismus. Seit einigen Monaten wird Russland von Demonstrationen erschüttert, wie es sie seit der Zeit des Zusammenbruchs der UdSSR nicht mehr gegeben hat. Die Bürger protestieren gegen die manipulierten Parlamentswahlen vom Dezember 2011 und gegen die im Voraus geplante Rückkehr Putins ins Präsidentenamt. In der Folge verschärft Putin seinen Diskurs. Bei der Feier des zweihundertjährigen Jubiläums der Schlacht von Borodino gegen die napoleonischen Truppen betont er seinen Patriotismus noch kräftiger: »Wir Russen dürfen unser eigenes Land, seine Entwicklung und seine Zukunft niemals vergessen!«[19] In immer martialischerem Ton stellt er die Demonstranten, die sich seiner Rückkehr widersetzt haben, auf eine Stufe mit Befürwortern von Russlands Niederlage: »Das ist Verrat an der nationalen Sache!«[20] Und er verherrlicht die »besondere Rolle der Orthodoxie in der Geschichte unseres Landes«,[21] die sie seit der Taufe der Rus durch Großfürst Wladimir spielte, der die russischen Stämme zu einem geeinten Staat zusammenführte.

Dieser Anfall von Patriotismus ist jedoch nichts im Vergleich zu dem, was noch kommen sollte. Einige Wochen später, Mitte September 2012, legt Putin nach, als es um die Frage der »patriotischen Erziehung der Jugend« geht, das heißt um »die Werte, die ethischen Grundlagen, auf denen wir unser Leben aufbauen, unsere Kinder erziehen, die Gesellschaft entwickeln und in letzter Instanz unser Land stärken können und müssen«.[22] Von dieser Erziehung hängt die demographische Zukunft Russlands ab. Folglich konzentriert der Präsident sich auf die »unerbittliche Konkurrenz« der »Wertekodizes«. Er prangert eine »gut orchestrierte Propagandaattacke« an. »Und das sind keine Phobien, ich denke mir das nicht aus«, fühlt er sich bemüßigt klarzustellen. »Die Versuche, Einfluss auf die Weltanschauung ganzer Völker zu nehmen, die Anstrengung, sie dem eigenen Willen zu unterwerfen, das eigene Werte- und Ideensystem durchzusetzen, sind absolute Realität.«[23] Er kritisiert das Prinzip des »jeder für sich selbst«, die Intoleranz, den Egoismus – Wesenszüge, die er dem Westen zuordnet. Er bricht eine Lanze für den Patriotismus, die Religionen, die militärischen Organisationen. Und er kommt auf seine Obsession zu sprechen: »In der Welt von heute eignen sich die Kinder nicht nur in der Schule Wissen an. Das moralische und ethische Klima der Gesellschaft in ihrer Gesamtheit hängt zu einem großen Teil von dem ab, was sie sehen, hören, lesen.«[24] Er hat es auf das Internet abgesehen. Sein Ziel ist es, »die Kinder vor Pornographie, vor Gewaltverherrlichung, vor amoralischem und obszönem Verhalten zu schützen«.[25] Wie lässt sich dieser plötzliche Zornesausbruch gegen die westliche Kultur erklären? Von welcher gründlich vorbereiteten Propagandaattacke spricht er? Zur selben Zeit ist ein Wahlversprechen des neuen französischen Präsidenten François Hollande auf dem besten Weg, in die Tat umgesetzt zu werden. Es besteht darin, Personen gleichen Geschlechts die Ehe zu ermöglichen. Im Juni 2013 wird auch in England und Wales für ein diesbezügliches Gesetz gestimmt. In Russland kündigt die Duma Anfang Oktober 2012 an, ein neues Gesetz gegen die »homosexuelle Propaganda« zu diskutieren. Es erhält im Januar 2013 die nötige Mehrheit und tritt im darauffolgenden Juni in Kraft. Putin hat ein Schlachtross bestiegen, das es ihm erlaubt, das gesamte konservative Europa hinter sich zu vereinen: der Kampf gegen die »homosexuelle Kultur«. Jenes Jahr 2012, in dem Wladimir Putin wieder an die Macht kommt, endet mit einer feierlichen Warnung, die er in seiner Botschaft an die Föderale Versammlung ausspricht: »Die kommenden Jahre werden entscheidend sein und vielleicht sogar eine Wende darstellen, und nicht allein für uns, sondern praktisch für die ganze Welt, die in eine Epoche radikaler, womöglich sogar schockartiger Wandlungen eintritt.«[26] Alles ist in Stellung gebracht für die große konservative Wende und den Beginn der Offensive gegen den Westen.

Was russische Politikbeobachter und Medien die konservative Wende nennen und was sich ihnen zufolge schon seit Jahren angebahnt habe, ereignet sich nach der Sommerpause 2013. Gegenüber den im renommierten Waldai-Klub versammelten internationalen Russlandspezialisten steigert Putin sich in eine lange und verblüffende, antimoderne und antiwestliche Schmährede hinein. Alle Themen, die er seit 2000 separat angesprochen hat, verfestigen sich nun zu einer Verteidigung der – aus Patriotismus, christlichen Werten und der Behütung der traditionellen Familie gezimmerten – russischen nationalen Identität gegen die Angriffe aus dem Ausland, »in einer Welt, die sich einem grundlegenden Wandel gegenübersieht«.[27] In allererster Linie weist er drei Optionen für die Konstruktion des Russlands des 21. Jahrhunderts zurück; erstens die nostalgischen Anhänger einer »sowjetischen Ideologie, für die es keine Wiederkehr geben kann«; zweitens »die Befürworter eines fundamentalen Konservatismus, die das Russland aus der Zeit vor 1917 idealisieren«; drittens schließlich »die

Verfechter eines westlichen Ultraliberalismus«.[28] Wenn »die neue nationale Idee weder einfach auftaucht noch sich nach den Regeln des Marktes entwickelt«, wenn die »grobschlächtigen Versuche, Russland von außen her zu zivilisieren«,[29] von der Mehrheit des Volkes nicht gebilligt werden, dann ist es laut Putin an der Zeit, eine Doktrin zu formulieren, die von der gesamten Gesellschaft gestützt und nicht von oben aufgezwungen wird. An dieser Stelle seiner Rede kommt es, heftiger noch als zuvor, zu einer Attacke auf das, was er als eine »Ablehnung der eigenen Wurzeln« seitens »vieler euro-atlantischer Staaten« interpretiert, »einschließlich der christlichen Wurzeln, die das Fundament der westlichen Zivilisation bilden«.[30] In diesen Staaten werden laut Putin »die moralischen Grundlagen und jede traditionelle Identität verneint, sei sie national, religiös, kulturell oder sogar geschlechtlich. Dort wird eine Politik gemacht, die eine kinderreiche Familie auf die gleiche Stufe stellt wie eine gleichgeschlechtliche Partnerschaft, den Glauben an Gott auf die gleiche Stufe wie den Glauben an Satan. Die Exzesse des politisch Korrekten führen dazu, dass man ernsthaft darüber diskutiert, eine Partei zuzulassen, die sich für pädophile Propaganda einsetzt. Die Menschen in vielen europäischen Ländern schämen sich ihrer religiösen Zugehörigkeit und haben regelrecht Angst, darüber zu sprechen.«[31] Das könne nur zu einer »demographischen und moralischen Krise« führen.[32] Kurz darauf wird Putins Pressesprecher behaupten, der russische Präsident habe über die besagte mutmaßliche Pädophilen-Partei glaubwürdige Informationen »von staatlichen Ministerien und Abteilungen, aus Medien, soziologischen

Studien, Nachrichtenagenturen«, ebenso wie »von seinen Freunden, Bekannten, Kollegen« erhalten.[33] Der Fährte mit den Freunden muss hier wohl Vorrang eingeräumt werden. Man bekommt eine Ahnung davon, was Putin, Jakunin und die anderen engen Vertrauten sich im privaten Kreis so erzählen. Öffentlich zieht Putin daraus den Schluss, Russland dürfe nicht akzeptieren, »Vasall« dieser »monopolaren Welt« zu sein.[34] Zur gleichen Zeit deutet er in den Medien seine »konservative Neigung« an.[35]

Nachdem er seit seiner Wiederwahl bereits die Opposition unterdrückt, jene NGOs, die internationale Hilfsgelder erhalten, als »Agenten des Auslands« eingestuft, das Versammlungsrecht und das Recht auf freie Meinungsäußerung eingeschränkt, die Adoption russischer Kinder durch amerikanische Staatsbürger sowie die »homosexuelle Propaganda« gesetzlich verboten hat, fasst Putin am 12. Dezember 2013, dem 20. Jahrestag der postsowjetischen Verfassung von 1993, seine Haltung in einer großen Rede vor allen Repräsentanten der Nation zusammen. Es ist kein Zufall, dass diese ideologische Offensive genau in dem Moment stattfindet, in dem die Proeuropäer des Kiewer Maidan dem prorussischen Regime von Wiktor Janukowitsch standhaft die Stirn bieten. Wladimir Putin verkündet in einem neuerlichen antiwestlichen Ausfall: »Heute werden in zahlreichen Ländern die moralischen und sittlichen Normen auf den Prüfstand gestellt, die nationalen Traditionen ausgelöscht und mit ihnen auch die Unterschiede zwischen Nationen und Kulturen. Die Gesellschaft erhebt nicht mehr nur Anspruch auf die direkte Anerkennung des Rechts eines jeden auf die Freiheit des Glaubens, der politischen

Meinungen und des Privatlebens, sondern auch, so seltsam das erscheinen mag, auf die obligatorische Anerkennung der Gleichwertigkeit von Gut und Böse, die sich doch ihrem Wesen nach entgegenstehen.«[36] Indem er vorgibt, den Kampf gegen diese vermeintliche Tendenz zu verkörpern, ruft Putin zur »Verteidigung der traditionellen Werte« auf und räumt ein: »Natürlich ist das ein konservativer Standpunkt.«[37] Fortan rühmt die russische Presse »den aufgeklärten Konservatismus Wladimir Putins, der ihm eine globale *Leadership* sichert«,[38] und zitiert die Ranglisten, die, wie jene von Forbes im Oktober 2013, Wladimir Putin als den einflussreichsten Mann der Welt einstufen. Was die eigenen Bürger betrifft, so sind laut einer Umfrage 56 Prozent der Meinung, dass der Konservatismus dem Land helfe, die Traditionen zu wahren, und ihm dabei doch erlaube, sich weiterzuentwickeln.

Auf welche Denker stützt sich diese konservative Wende? Die Anfang 2014 ins Leben gerufene Internetseite *Russkaja Idea* (»Die Russische Idee«) präsentiert sich als der Ort, an dem dieses »konservative politische Denken« ausgearbeitet wird. Philosophiehistoriker sind dort sehr aktiv am Werk. Sie sind es, die im August 2014 auf die Krim eilen, um die näheren Zusammenhänge der »konservativen Erneuerung« zu erklären. Die einflussreichsten von ihnen haben an der philosophischen Fakultät der Staatlichen Universität Moskau studiert oder lehren dort. Das ist auch der Fall bei Boris Meschujew, dem Gründer der Webseite. Der 1970 geborene Sohn eines Philosophen hat, wie viele seiner Generation, die unter dem sowjetischen Regime verbotenen russischen Denker für sich wiederentdeckt, insbesondere die orthodoxen Denker, die Gegner des revolutionären Lagers waren. Als Spezialist für Wladimir Solowjow, den berühmtesten von ihnen, gedenkt Meschujew nun, die Rolle des Ideologen für etwas zu übernehmen, das er »konservative Renaissance« nennt. Er verfügt über einen ausgezeichneten Kanal, um seine Ideen zu verbreiten, da er stellvertretender Chefredakteur der regierungsnahen Tageszeitung *Iswestija* ist. Boris Meschujew hat eine Liste derjenigen russischen Denker aufgestellt, die ihm zufolge die neue ideologische Lage inspiriert haben. Als einen der Väter des Putinschen Konservatismus nennt er Konstantin Leontjew. Auf seiner Webseite ist zu lesen: »Neben Nikolai Danilewski und Konstantin Pobedonoszew [einem Staatsmann und Ideologen während der Regentschaft Alexanders III.] kann man Leontjew zur ›Triade‹ der schillerndsten Repräsentanten des konservativen Denkens im Russland des 19. Jahrhunderts zählen. [...] Am Übergang von den 1980er zu den 1990er Jahren hat die wahre ›Renaissance‹ Leontjews begonnen. [...] Das Interesse an seinem Werk ist seitdem nicht schwächer geworden. [...] Man kommt gerade heutzutage nicht stillschweigend an der Aktualität seiner Ideen vorbei.«[39] Laut Boris Meschujew ist Leontjews Philosophie deshalb so aktuell, weil sie »für das Bedauern steht, dass Europa den Weg der Säkularisierung eingeschlagen und sich dabei von seinen christlichen Wurzeln abgekehrt hat, und, nicht zu vergessen, für seinen Hass auf die Demokratie, der in bestimmten Milieus in Russland derzeit sehr ausgeprägt ist.«[40]

Leontjew war eine außergewöhnliche Persönlichkeit. Man nannte ihn den »russischen Nietzsche«. Der 1831 geborene Sohn einer adligen Familie liebte nichts so sehr wie das Abenteuer. 1854 nahm er als Arzt am Krimkrieg teil – worauf ein Teil der Popularität gründet, derer er sich heute in den Kreisen der Machthaber erfreut. Er war Ästhet, liebte die heroischen und archaischen Formen der Schönheit. Auch war er Mystiker. Nach einem langen Aufenthalt auf dem Berg Athos träumte der einstige Don Juan davon, Mönch zu werden. Nachdem er auf seine alten Tage im Optina-Kloster (dort, wo Dostojewski seine *Brüder Karamasow* ansiedelt) im Geheimen seine Mönchsweihe erhalten hatte, starb er 1891 in einem anderen berühmten Kloster, dem Lawra der Dreifaltigkeit und des Heiligen Sergius in Sergijew Possad nahe Moskau. Leontjew hinterließ ein paradoxes, zugleich sinnliches und mystisches Werk voller Verachtung für die bürgerliche Mittelmäßigkeit und den Konformismus, das nicht durch philosophische Systematik glänzt, sondern durch seine Radikalität beeindruckt. Ein einziges Beispiel soll genügen: Er verabscheut das für seinen Geschmack zu humanitäre »Rosenwasser-Christentum« eines Dostojewski. Stattdessen verherrlicht er die strengen, hierarchischen Formen der byzantinischen Kirche und lehnt jede Moralisierung des Christentums ab. Sein Aristokratismus, sein Pessimismus, seine Vorliebe für den Widerspruch zur herkömmlichen Meinung machen ihn auf fast natürliche Weise zum Feind von Demokratie, Freiheit, Gleichheit, Laizismus, Säkularisierung, Bequemlichkeit und Eudämonismus. Was die Putin nahestehenden Leser ebenfalls verblüffen musste, ist seine Vorhersage eines »föderalen Europas«, das droht, Russland zu verschlingen, um ihm seine ganze Besonderheit zu nehmen.

In einem seiner Hauptwerke, dem 1875 veröffentlichten *Byzantinismus und Slawentum*, prophezeit er: »Frankreich, Deutschland, Italien, Spanien usw. [...] werden Regionen eines neuen Staates. [...] Man wird mir entgegenhalten: ›Aber das wird niemals Wirklichkeit werden!‹ Ich antworte: ›Glücklich, wer das glaubt.‹«[41] Und in einem anderen Text mit dem vielsagenden Titel *Der Durchschnittseuropäer. Ideal und Werkzeug universaler Zerstörung* warnt er, »dass wir Russen große Befürchtungen hegen müssen, dass dieser abscheuliche antikulturelle Weg auch uns mitreißt, dass wir daher unsere innere Disziplin stärken müssen, wenn wir nicht den Ereignissen eines Tages ausgeliefert sein wollen.«[42]

Dieser Hass auf das moderne Europa hindert Leontjew nicht daran, die von ihm als hoch und erhaben angesehenen Formen der abendländischen Kultur des Mittelalters und der Renaissance zu bewundern. Doch er ersann sich eine naturalistische Theorie der drei Zeitalter der Zivilisationen oder passte vielmehr bestehende Theorien seinem Geschmack an. Ihm zufolge erlebt jede Zivilisation zunächst eine Periode der ursprünglichen Einfachheit, erfährt dann ihren Höhepunkt in einer Ära »florierender Komplexität«, bevor sie in einer Epoche der Vereinfachung und Verwirrung verkümmert. Seiner Meinung nach ist Europa seit der Renaissance in ein Stadium der Dekadenz eingetreten. Es bringt keine Heiligen und auch keine Genies mehr hervor, sondern nur noch Ingenieure, Abgeordnete und Moralprofessoren. In der Art seiner Entwicklung und in seinem Konformismus ist es eintönig. Doch zugleich befindet es sich in einem Zustand der Verwirrung. Seine

Bewohner haben sich verirrt, laufen in alle Richtungen, ohne ihrem Leben Sinn geben zu können. Sie vermögen das begeisternde höhere Prinzip nicht zu erkennen. Man kann sich vorstellen, wie treffend Putin und seinen Vertrauten dieses Bild von Europa erscheinen musste; auch sie bekämpfen ja ein in ihren Augen homogenisierendes Modell der westlichen Welt, wobei sie zugleich deren chaotischen Individualismus sowie die Abwesenheit großer Ziele und das fehlende Vermögen zur Mobilisierung beklagen. Im Gegensatz dazu ordnet Russland sich laut Leontjew in die aufsteigende Phase der Zivilisationen ein. Genau das will auch der amtierende russische Präsident sagen, als er Leontjew in seiner konservativen Rede vom September 2013 zitiert: »Russland hat sich, wie es der Philosoph Konstantin Leontjew auf so prägnante Weise sagte, immer als eine ›florierende Komplexität‹ entwickelt, als eine Staats-Zivilisation, gefestigt durch das russische Volk, die russische Sprache, die russische Kultur, die Russisch-Orthodoxe Kirche und die anderen traditionellen Religionen Russlands.«[43] Russland ist komplex, da es sehr verschiedene Völker und Konfessionen beherbergt. Aber nur, weil diese Differenzen zu einer einheitlichen, vom Staat verkörperten und gelenkten Kultur harmonisiert werden, floriert es. Nur durch die Idee einer Mobilisierung durch und für den Staat wird also Vielfalt zur Einheit – eine Kultur, ein Schicksal.

Man sieht in Leontjew einen Vorläufer Oswald Spenglers (1880–1936), des Verfassers von *Der Untergang des Abendlandes* (1918/1922). Als Gegner der im 18. Jahrhundert gelehrten aufklärerischen Vision vom ununterbrochenen Fortschritt inspirierte er all jene, die zum Ausgang des

Ersten Weltkriegs an ein Ende der Welt glaubten – und manchmal an die Möglichkeit eines Zivilisationsschubs. Allgemeiner betrachtet hat die neue Putinsche Philosophie ihre Ursprünge nicht nur in der russischen Philosophie, sondern auch in mehreren westlichen Varianten des konservativen Denkens, insbesondere in dem, was mitunter als die Konservative Revolution in Deutschland zwischen 1918 und 1933 bezeichnet wird. Wie der Historiker für russische und deutsche Philosophie Nikolai Plotnikow, Forscher am philosophischen Institut der Universität Bochum, bestätigt, »wird heute das gesamte konservative Denken der Weimarer Republik verwendet, vor allem Carl Schmitt, Ernst Jünger oder auch Ernst Niekisch, der Theoretiker des Nationalbolschewismus. All diese Autoren verkaufen sich seit den 2000er Jahren in den russischen Buchläden mit großem Erfolg.«[44] Was Ernst Jünger (1895–1998) betrifft, so sei daran erinnert, dass er, während beider Kriege zwar engagierter Befürworter der Konservativen Revolution, doch dem Nazi-Regime feindlich gesinnt, ein Loblied auf die geistigen und ästhetischen Dimensionen des Krieges singt. Von dem seinerseits im Dritten Reich stark engagierten Carl Schmitt (1888–1985) werden mehrere Konzepte kreiert oder wiederbelebt, die Einfluss auf die aktuelle russische Ideologie haben. In Putins Ablehnung der Konzepte der »Pflicht zur Einmischung« oder des »Kriegs aus humanitären Gründen« lässt sich die zentrale Idee der politischen Theorie Carl Schmitts wiedererkennen. Ihm zufolge ist nichts verheerender als eine moralische oder juristische Lesart der Politik. So wie das Recht von den binären Prinzipien gerecht und ungerecht gelenkt werde, die Moral von gut und böse, die Ästhetik von schön und hässlich, so besitze auch die Politik ihre eigenen Leitbegriffe. Dies seien Freundschaft und Feindschaft. In der Politik habe man Freunde oder Feinde, sonst nichts. Die Politik sei Kampf oder Allianz zwischen politischen Körperschaften, doch sie dürfe nicht durch die filternde Brille des Rechts oder der Moral betrachtet werden.[45] Als bekennender Erbe und Neuerschaffer der sowjetischen Opposition zwischen »Uns« und »Denen« verschreibt sich Putin dieser Forderung nach einer als reines Kräfteverhältnis verstandenen Politik. Schmitt lanciert in seiner *Politischen Theologie* (1922) und seiner *Verfassungslehre* (1928) Begriffe wie »Akklamation« oder auch »Dezisionismus« (»Souverän ist, wer über den Ausnahmezustand entscheidet«), die in den Ohren mancher Berater Putins, die auf der Suche nach Worten sind, mit denen die konservative Mobilisierung zur Unterstützung der neuen russischen Politik verkörpert werden kann, einen angenehmen Klang haben müssen. Doch die seit mehr als einem Jahrzehnt vorbereitete Putinsche Wende profitiert nicht von einer tiefgreifenden philosophischen Reflexion, wie es in den USA bei der Geburt der neokonservativen Strömung der Fall war, deren Wurzeln mindestens bis in die 1960er Jahre zurückreichen. In Russland stützt sich diese Bewegung auf Autoren, die man nicht wirklich in ihrem Wesen und ihren Grenzen hinterfragt, sondern lediglich instrumentalisiert, um die Überlegenheit der »russischen Zivilisation« über einen als dekadent angesehenen Westen zu suggerieren. Wladimir Putin scheint seltsamerweise vor allem von einer Frage besessen zu sein: der der Homosexualität. Dieses Thema

schweißt die von ihm ins Feld geführten, sehr verschie-
denartigen Elemente zusammen: christliche Werte, Treue
zur nationalen Geschichte, Patriotismus, Misstrauen gegenüber dem Westen. Man kann also die dritte Schicht der
Ideologie Putins, die sich über den Sowjetismus und den
Pseudoliberalismus legt, folgendermaßen bezeichnen: eine
konservative Doktrin alten Schlags.

5. KAPITEL

DER RUSSISCHE WEG

Am 18. März 2014 hält Wladimir Putin mit einer »Botschaft an die Föderation Russlands« die bedeutendste Rede seines Lebens. Sie markiert seinen ersten Schritt als Staatschef, der den Lauf der Geschichte wirklich ändert. Im Grunde hat er sich 15 Jahre lang darauf vorbereitet. Mit der gewaltsamen Abtrennung der separatistischen Regionen Südossetien und Abchasien von Georgien hatte er bereits Versuche in diese Richtung unternommen. Doch dieses Mal hat er eine entscheidende Schwelle überschritten: Er hat nach dem Beispiel Iwans III. und weiterer Zaren »die russischen Lande gesammelt«. Als Vergeltungsmaßnahme für die demokratische Revolution in der Ukraine (von den russischen Offiziellen Putsch der faschistischen Kiewer Junta genannt) hat er sich soeben mittels der Entsendung russischer Truppen ohne Hoheitszeichen und eines improvisierten Referendums in einem Überraschungsschlag der Krim bemächtigt, eines seit 1954 der Ukraine angegliederten Territoriums. Zum ersten Mal seit dem Zweiten Weltkrieg hat somit ein europäischer Staat ein Gebiet annektiert, das zu einem anderen europäischen Staat gehört. Diese Spezialoperation wird von einem Teil der Krim-

bevölkerung abgelehnt, insbesondere von den alteingeses-
senen Tataren, die während der Sowjetzeit Unterdrückung
und Deportation ausgesetzt waren. Und sie wird von der
Ukraine und der ganzen Welt angefochten – einzig Russland erkennt die Annexion an. Dieser Akt tut dem internationalen Recht und dem zwischenstaatlichen Konsens, der
die europäische Stabilität seit dem Ende des Nazismus sichert, solche Gewalt an, dass er gerechtfertigt werden muss.
Das ist der Gegenstand dieser Siegesrede, gehalten zwei
Tage nach dem Referendum und einen Tag nach der Unterzeichnung des präsidialen Dekrets, das die Zugehörigkeit der Krim zur Russischen Föderation offiziell bestätigt.
Nachdem Putin den Versuch unternommen hat, das tief
verwurzelte »Russentum« der Halbinsel zu belegen, nachdem er den Anschein erweckt hat, die Legalität besagten
Referendums nachzuweisen, kommt er zum Wesentlichen:
Wenn Russland von der internationalen Gemeinschaft für
diese Annexion verurteilt wird, dann deshalb, weil die Welt
Russland nicht liebt und seit jeher versucht, es zu isolieren und daran zu hindern, den Platz einzunehmen, den
es verdient. In den Worten Wladimir Putins: »Die Politik,
Russland kleinzuhalten, die im 18., im 19. und im 20. Jahrhundert betrieben wurde, setzt sich heute fort. Man versucht immer noch, uns in eine Ecke zu drängen, weil wir
einen unabhängigen Standpunkt einnehmen, weil wir ihn
verteidigen, weil wir die Dinge beim Namen nennen und
uns nicht in Heuchelei üben. Doch es gibt Grenzen. Und
was die Ukraine betrifft, haben unsere westlichen Partner
die gelbe Linie überschritten. Sie haben sich ungehobelt,
unverantwortlich und unprofessionell verhalten.«[1] Endlich

ist es ausgesprochen: Putin will Russland gegen einen Westen verteidigen, der danach trachtet, dem Land zu schaden. Von nun an proklamiert Russland lautstark das Recht auf eine eigene Vorgehensweise. Es gibt einen Russischen Weg.

So wie der Konservatismus hat auch die Theorie des Russischen Weges einen langen Reifeprozess hinter sich. Die Idee bricht sich schon während der ersten Anfänge des Putinismus Bahn, allerdings in einer noch weithin konsensfähigen Form. Unter den Ambitionen des jungen Präsidenten, so wie er sie im März 2000 zwei Tage vor seiner Wahl ankündigt, scheint an erster Stelle der Wille auf, »dem Land sein Ansehen und seine führende Rolle in der Welt zurückzugeben«.[2] Nach einem Jahrzehnt postsowjetischer Demokratie, das in einer fast permanenten ökonomischen und sozialen Krise durchlebt wurde, und nach der Demütigung des Untergangs seines Imperiums muss Russland wieder der ihm gebührende Rang verschafft werden. Sehr schnell ruft Putin die nationalen und orthodoxen Werte zu Hilfe. Wenn er eine »spirituelle Wiedergeburt Russlands« anstrebt, dann noch im Zeichen des »Rechts auf Freiheit, sowohl des Menschen als auch des Bürgers«.[3] Doch die immer ungehemmteren Anspielungen auf das »heilige Russland« manifestieren »die besondere Rolle als Hüter der authentischen christlichen Werte, die Russland einzunehmen gewillt ist«.[4] Putin besetzt die Erinnerungsorte der russischen Orthodoxie und interpretiert das Christentum im Sinne einer spezifischen nationalen Identität, die dazu aufgerufen ist, eine Rolle in der Welt zu spielen. Außerdem verweist er zuweilen auf die »Religionsphilosophie«, die er als »sehr, sehr wichtig« beurteilt, weil sie die kommunistische Ideologie von einst ersetzen kann.[5]

Der Wunsch, in den internationalen Beziehungen eine seiner Macht angemessene Rolle zu spielen, vereint mit dem festen Glauben, dass Russland eine spezifische Kultur besitze, die Chancen auf universelle Geltung habe, verwandelt sich nach und nach in die Überzeugung, dass die anderen Staaten es darauf abgesehen haben, diese russische Besonderheit verschwinden zu lassen. Die kulturelle Globalisierung erscheint Putin wenig verlockend: »Mir liegt überhaupt nichts daran, dass Russland etwas von seiner Besonderheit, seiner Identität verliert. Mir liegt sehr viel daran, dass die kulturellen, die geistigen Wurzeln Russlands, auf die wir so stolz sind und die wir so sehr lieben, die Wurzeln, die aus uns die Menschen machen, die wir sind, bewahrt werden.«[6] Für den Moment hat er es nur auf einen globalen, in seinen Augen alles vereinheitlichenden Prozess abgesehen. Doch schon 2004, anlässlich der Orangen Revolution in der Ukraine, die den Sieg des pro-europäischen Präsidentenanwärters Juschtschenko besiegelt, äußert er den Vorwurf, dass man versuche, »die Russische Föderation zu isolieren«.[7] Der Gedankengang ist folgender: Da Russland sich weigert, sich den Befehlen einer monopolaren und homogenisierenden Welt zu beugen, da es darauf beharrt, seinen Sonderweg beizubehalten, hindert man es daran, Einfluss auf seine Nachbarn auszuüben, isoliert es, marginalisiert es. Russland muss nunmehr seinen Willen verteidigen, »einen eigenen Weg« zu verfolgen,[8] und das Recht einklagen, in seinem Anderssein gehört und respektiert zu werden. Diese Vorwürfe werden

im Laufe der Jahre noch deutlicher: Man wolle Russland
nicht nur deshalb bezwingen oder ausgrenzen, weil es anders sei, sondern auch, weil es zu den mächtigsten Staaten der Welt gehöre. Zahlreiche Länder würden von den
Vereinigten Staaten unterworfen. Die anderen würden von
ihnen im Namen der Menschenrechte oder mit ökonomischen und militärischen Mitteln ins Abseits gedrängt. 2007
nimmt Putin kein Blatt mehr vor den Mund: »Ganz offen
gesprochen gibt es heute nicht mehr viele Länder auf der
Welt, die das Glück und Vergnügen haben, sich souverän
nennen zu können. Man kann sie an einer Hand abzählen.
China, Indien, Russland und noch ein, zwei andere Länder.
Alle anderen befinden sich in irgendeiner sehr substantiel-
len Abhängigkeit, sei es untereinander, sei es vom Leader
des Blocks.«[9]

Was sind die Hauptmerkmale dieser »russischen Eigen-
heit«? Neben den christlichen Fundamenten, dem Patriotismus, der Anhänglichkeit an die Tradition, der Toleranz
gegenüber anderen Völkern in einem multiethnischen
Raum habe Russland seine eigene Version von Demokratie. Aufgebracht über die Verwendung des »demokratischen Vokabulariums, um Einfluss auf unsere Innen- und
Außenpolitik auszuüben«,[10] fordert Putin das Recht ein, die
Begriffe des Menschenrechts und der Meinungsfreiheit auf
seine Weise neu zu interpretieren. Er akzeptiert die Universalität der demokratischen Prinzipien, aber nicht die der
Sprache oder der konkreten politischen Formen, in denen
sie zum Ausdruck kommen. »Die russische Demokratie ist
die Macht des russischen Volkes, nichts sonst, mit ihren
eigenen Traditionen der Selbstverwaltung, und nicht die

Umsetzung uns von außen auferlegter Standards.«[11] Die Behauptung eines Russischen Weges vollzieht sich über eine Anpassung der Demokratie an die nationale politische Geschichte, die mit lokalen Formen direkter Demokratie verknüpft ist. Die Realität läuft dieser Verherrlichung der alten Traditionen der Kommunen im Norden Russlands übrigens zuwider, denn schon 2004 schaffte Putin die Wahl der Gouverneure ab. Nach Überzeugung des russischen Präsidenten hat sein Land umso weniger Grund, sich Lektionen über Demokratie anzuhören, als es eine wesentliche Rolle in der Geschichte der Welt spielte – gegenüber seinem Lebensretter kann man es sich nicht erlauben, pingelig und formalistisch zu sein. Putin zufolge war es »gerade die Kraft des authentischen, historischen Russlands von Minin und Poscharski, von Dmitri Donskoi und Alexander Newski, von Sergius von Radonesch und Seraphim von Sarow, die den Nazismus besiegte und die Welt rettete«.[12] Diese Art der Interpretation des Sieges der Roten Armee über Hitler ist bezeichnend. Sie ist nicht neu in der Philosophie des Russischen Weges. Sie verweist auf die Volkserhebung, die 1812 die napoleonischen Truppen zurückschlug. Sie ruft den Kampf für die nationale Unabhängigkeit gegen die Polen und Litauer, die Tataren, die Deutschordensritter in Erinnerung. Sie reaktiviert die Mythen des gegen den ausländischen Aggressor geeinten Volkes. Sie impliziert eine ganze Theorie des völkisch-nationalen Prinzips (im Russischen wird Nation und Volk mit dem gleichen Wort bezeichnet, *narod*), welches, wie noch zu sehen sein wird, von der slawophilen Tradition ausführlich entwickelt wird. Der Begriff des Russischen Weges stützt demnach die Po-

litik der Nation auf bestimmte, dem russischen Volk zu-
geschriebene Eigenschaften. Diese seien durch die orthodoxe Kultur des Landes langsam geformt worden. »In den
kritischsten Momenten unserer Geschichte hat unser Volk
sich seinen Wurzeln, seinen sittlichen Fundamenten, seinen religiösen Werten zugewandt«,[13] so Putin. Daraufhin
zitiert er Stalin, der sich im Juli 1941 mit den Worten »Brüder und Schwestern«, nicht mit »Genossen«, an sein Volk
wandte und damit an eine tiefer liegende Identität appel-
lierte als die durch die sowjetische Staatsbürgerschaft definierte. Was sind diese Eigenschaften des Volkes? Der Präsident zählt einige von ihnen auf und bedauert zugleich, dass
sie nicht mehr Wirksamkeit ausstrahlen: »Barmherzigkeit,
Empathie, Mitgefühl, Unterstützung und Verständnis im
Umgang miteinander.«[14] Es handelt sich um Werte, die von
zahlreichen Schriftstellern, Theologen und Philosophen
traditionell mit dem russischen Modell des Ostchristen-
tums zusammengebracht werden. Nie war die Instrumentalisierung der christlichen Religion so stark gewesen.

Putin hat sich einen gewichtigen Verbündeten an die
Seite geholt. Es handelt sich um einen der berühmtesten
Russen des 20. Jahrhunderts, den Schriftsteller und Dissi-
denten Alexander Solschenizyn. Der Autor von *Archipel
Gulag*, seit 1974 erst in der Schweiz, dann in den USA im
Exil, lässt sich 1994 wieder in Russland nieder. Einige Mo-
nate nach Putins Amtsantritt als Präsident empfängt er
ihn in seinem Haus in der Nähe von Moskau. Trotz seiner
Vorbehalte gegenüber diesem Mann, einem reinen Produkt
des Sowjetregimes, seiner Nomenklatura, der politischen
Gewalt des KGB, ist Solschenizyn Anhänger einer starken

Macht und eines Sonderweges für Russland. Er will nicht, dass die russische Demokratie ein simpler Abklatsch des westlichen Modells wird. Er ist beunruhigt über die »Umzingelung« Russlands durch die NATO. Schließlich ist er auch alarmiert über das Los der in den zentralasiatischen Republiken gebliebenen russischsprachigen Einwohner. Die beiden Männer diskutieren gut zwei Stunden. Solschenizyn erteilt Putin großzügig seine Ratschläge zur »Neugestaltung unseres Russlands«.[15] Putin sagt, er nehme sich jene, die die Selbstverwaltung der lokalen Macht beträfen, sehr zu Herzen.[16] Doch zwei Jahre später zeigt sich Solschenizyn verbittert: »Ich habe ihm zwar Ratschläge gegeben, doch er hat keinen einzigen befolgt«, beklagt er Anfang 2002 in einem Interview mit *Moskowskije Nowosti*.[17] Weder was die lokale Demokratie noch was seine ökologischen Bedenken betrifft, hat er das Gefühl, ihm sei Folge geleistet worden. Das hindert Putin jedoch nicht daran, seinen neuen Freund wiederholt zu feiern und zu zitieren. Er zeichnet ihn im Juni 2007 mit einem Staatspreis aus und betont: »Millionen von Menschen weltweit verbinden den Namen und das Werk von Alexander Issajewitsch Solschenizyn mit dem Schicksal von ganz Russland.«[18] Die Idee, Russland »mit Fleisch und Blut«[19] zugehörig zu sein, stellt in der Tat ein Fundament des Putinschen Patriotismus dar. Die Feindschaft Solschenizyns gegenüber der Aufklärung, die ihn sowohl den Sozialismus als auch den Liberalismus verdammen lässt, passt perfekt zur russischen Ideologie, die der Präsident gerade ausarbeitet. Also baut Putin den Namen des Schriftstellers in seinen antiwestlichen Diskurs ein. Er ge- und missbraucht eine Wendung, die er sich von ihm borgt. In seiner Botschaft an die russische Föderale Versammlung im Jahr 2006 zitiert er ihn im Hinblick auf »eines der größten Probleme des Landes«, dem der »Demographie oder, in den treffenden Worten Alexander Issajewitsch Solschenizyns, der *Sorge um das Volk. (Applaus.)*«[20] Nach dem Tod des Dichters im Jahr 2008 unterzeichnet Putin eine Verordnung, in der für den 100. Geburtstag Solschenizyns im Jahr 2018 eine offizielle Ehrung durch die Nation angekündigt wird.[21] Der frühere antikommunistische Dissident ist zu einer offiziellen Figur des neuen Russland geworden; seine Zitate helfen dabei, alle imperialistischen Unternehmungen, insbesondere gegen die Ukraine, zu rechtfertigen.

Alexander Solschenizyn ist der Erbe einer langen philosophischen Tradition in Russland, der slawophilen Bewegung. Bedeutet die Art und Weise, auf die Putin die Besonderheit des Russischen Weges behauptet, dass der russische Präsident sich diese Denkströmung zu eigen gemacht hat? Sehr einfach ausgedrückt teilt sich das russische Denken seit dem Beginn des 19. Jahrhunderts in zwei große, gegenläufige Strömungen. Auf der einen Seite vertreten die Westler die Ansicht, dass Russland seit Peter dem Großen dazu berufen sei, voll und ganz Teil Europas zu werden und seinen Rückstand aufzuholen, was eine Abkehr von der imperialen Willkür, von der Einschränkung der Freiheiten, von der Verteidigung einer orthodoxen Identität um jeden Preis und vom Nationalismus voraussetzt. Einer der frühesten Vertreter dieser Strömung ist Pjotr Tschaadajew (1794–1856), der 1836 in der Zeitschrift *Teleskop* seinen ersten, zunächst auf Französisch verfassten *Philosophischen*

Brief veröffentlicht und damit große Verblüffung hervor-
ruft und eine polemische Debatte auslöst. Für Tschaadajew
profitiert Europa von einem »ererbten Schatz an Ideen«:
»Das sind die Ideen der Pflicht, der Gerechtigkeit, des
Rechts, der Ordnung.«[22] Wohingegen Russland alle Gele-
genheiten versäumt habe, an der Weltkultur teilzuhaben:
»Vereinsamt in der Welt, haben wir der Welt nichts gegeben, haben von der Welt nichts angenommen; wir haben
der Masse der menschlichen Ideen keine einzige Idee hinzugefügt; wir haben in keiner Weise zum Fortschritt des
menschlichen Geistes beigetragen, und alles, was von diesem Fortschritt zu uns gelangt ist, haben wir entstellt.«[23]
Was die großen Herrscher betrifft, die den Westen liebten
und bereisten, wie Peter der Große oder Alexander I., der
Bezwinger Napoleons, so fanden sie keine Nachkommen:
»Einmal wollte uns ein großer Mann [Peter der Große] zivilisieren und warf uns, um uns einen Vorgeschmack auf
die Aufklärung zu geben, den Mantel der Zivilisation über;
den Mantel haben wir aufgelesen, die Zivilisation aber
überhaupt nicht angerührt.«[24] Nach der Veröffentlichung
dieses Briefes wird Tschaadajew von den Autoritäten für
verrückt erklärt und mit einem Publikationsverbot belegt.
Tschaadajew ist noch ein christlicher Denker. Die anderen
Westler machen sich mehr oder wenig heftig vom religiösen Glauben los. Alexander Herzen (1812–1870), eigentli-
cher Kopf der Strömung, ist vom französischen Denken
beeinflusst, von Saint-Simon, Fourier, Cabet, Louis Blanc,
George Sand. Dieser Gegner der Religion verlässt Russland
1847 und veröffentlicht im Exil eine Zeitschrift. Er verkehrt
mit Proudhon, macht die Bekanntschaft Garibaldis, korres-

pondiert mit Bakunin, kämpft für den Sozialismus, die Revolution und den Materialismus. Was Wissarion Belinski (1811–1848) betrifft, den mächtigen Kritiker und Bewunderer Hegels und Feuerbachs, so lobt er den Realismus in der Kunst in höchsten Tönen und betrachtet sich als Sozialisten und Atheisten. Nach und nach wird diese Strömung zur Inspiration für die radikale Jugend, die Dostojewski in *Böse Geister* beschreiben wird.[25]

Im Gegensatz zu den Westlern wollen die ebenfalls vom deutschen Idealismus, vor allem von Hegel und Schelling beeinflussten Slawophilen einen nationalen Geist fördern, der auf Russlands religiöser Weltanschauung, den Tugenden seines Volkes oder den Eigenheiten seiner sozialen Organisation gründet. Oft sind es Moskowiter, die den Traditionen der Stadt mit den »vierzig mal vierzig Kirchen« sowie den alten Adelstraditionen anhingen. Ihrer Meinung nach habe der Widerstand gegen die napoleonische Invasion eine Erhebung von Nation und Volk ermöglicht. Und diese Welle habe die imperialistische Bewegung besiegt, die aus abstrakten Werten hervorgegangen sei, die ihrerseits aus der Französischen Revolution stammten. Alexej Chomjakow (1804–1860), einer der Köpfe der Slawophilen, ist ein adliger Gutsherr, ein großer Jäger und ein Freund der Bauern, auf deren Befreiung er hofft. 1836 antwortet er auf Tschaadajew, indem auch er einen an eine Freundin adressierten Brief veröffentlicht. Jener andere Artikel, heißt es da, »hat dich gekränkt, und ungewollt wiederholst du: Sind wir wirklich so unnütz im Vergleich zu Europa, ähneln wir wirklich Adoptivkindern in der gemeinsamen Familie der Menschheit?«[26] Für Chomjakow besteht der

Fehler der Westler darin, die Russland eigenen Reichtümer zu vergessen. »Wir haben die Arbeit an der Verbesserung all dessen, was unser ist, außer Acht gelassen, weil man uns Liebe und Respekt einzig für das eingeflößt hat, was uns fremd ist.« »Wir respektieren unsere Muttersprache nicht, unsere althergebrachte Schlichtheit der Sitten wird oft durch Gekünsteltes ersetzt.« Der Angriff richtet sich frontal gegen die Westler: »Warum leben sie wie Gäste in ihrem Heimatland? Warum sprechen sie nicht russisch, schreiben nicht russisch, ja denken nicht einmal russisch?«[27] Gegen eine oberflächliche und mondäne Faszination für Europa ruft Chamjakow seine Landsleute dazu auf, die Reichtümer zu entdecken, die in der orthodoxen Theologie, dem kollektiven Prinzip als Strukturmerkmal des bäuerlichen Lebens und den Eigenheiten des Volkes liegen.

Auch der andere Gründer der slawophilen Strömung, Iwan Kirejewski (1806–1856), greift in die Debatte ein. 1838 schlägt er, die Gedanken Chomjakows aufgreifend, in die gleiche Kerbe. »Ich habe keineswegs die Absicht, eine Satire auf den Westen zu verfassen. Keiner weiß besser als ich um die Annehmlichkeit des vom [westlichen] Rationalismus hervorgebrachten kollektiven und individuellen Lebens.« Allerdings geißelt er den »Zustand moralischer Apathie, das Fehlen von Überzeugung, den allgemeinen Egoismus«, Makel, die »nach neuen moralischen Kräften verlangen, die nicht aus der Vernunft geboren sind, einem neuen vitalen Antrieb, der nicht aus dem Kalkül hervorgeht«.[28] Als Kritiker des Individualismus, der abstrakten Dürre, des formalen Mechanismus des Lebens im Westen rühmt auch er die organische Gemeinschaft des von

einem lebendigen christlichen Glauben genährten, volks-
tümlichen russischen Lebens. Andere slawophile Denker
wie Konstantin Aksakow (1817–1860) und Juri Samarin
(1819–1876) halten die Bewegung am Leben. Wenn auch
zahlreiche Philosophen und Schriftsteller den Dualismus
zwischen Westlern und Slawophilen bereichern oder über-
winden konnten, so strukturiert er doch seit jener Zeit das
intellektuelle Feld in Russland. Er hat die Revolution von
1917 überlebt. Sogar innerhalb der kommunistischen Eliten
und des Politbüros der Partei existierte diese Bruchlinie.
Sie kam in den sowjetischen Zeitschriften zum Ausdruck,
und unter den Dissidenten stand der Westler Sacharow
dem slawophilen Solschenizyn gegenüber.

Ist Putin slawophil? Es kann vorkommen, dass er Aksakow zitiert.[29] Doch es ist schwierig, einen realen Einfluss
der sogenannten ersten Generation der Slawophilen auf
den russischen Präsidenten auszumachen. Für den Philosophen Nikolai Plotnikow »haben viele in der Politik Putins eine Fortführung der Slawophilie sehen wollen. Die
Idee eines besonderen Weges ist durchaus präsent bei ihnen, aber sie ist intellektuell, religiös, überhaupt nicht politisch motiviert. Bei den ersten Slawophilen, zumindest
bis zum polnischen Aufstand von 1861, gibt es keinen politischen Imperialismus. Die slawophile Vision ist roman-
tisch, wie in Deutschland zur selben Zeit. Sie beinhaltet
eine universalistische Komponente.«[30] Das schrieb bereits
ein anderer russischer Philosoph, Nikolai Berdjajew, in einer Monographie über Chomjakow. Ihm zufolge sind »die
Aversionen gegenüber dem Politischen, das Apolitische,
nationale russische Züge bei Chomjakow. […] Wie alle

Slawophilen sah Chomjakow die Mission des russischen Volkes nicht im politischen Leben, sondern im höchsten Leben des Geistes.«[31] Tatsächlich ist das slawophile Ideal organisch und »häuslich«.[32] Es verträgt sich kaum mit der kühlen staatlichen Verwaltung. »Alle Slawophilen waren gegen die Souveränität des Staates eingestellt«, fährt Berdjajew fort. »Sie verabscheuten die Bürokratie, der Zar war für sie ein Vater und keine formale Autorität, die Gesellschaft war das organische Bündnis einer freien Liebe.«[33] Kurzum, die slawophile Lehre lässt sich nicht in reale Politik transformieren. Vor allem rechtfertigt sie keinen Imperialismus. Laut den Slawophilen ist das klassisch bäuerliche russische Volk sanft und friedliebend. Es versucht in erster Linie, sein Land und seine Dorfgemeinde zu kultivieren und zu schützen. Hingegen ist zum Beispiel für Chomjakow die Idee des Imperiums zutiefst westlich und romanisch. In den Augen der Slawophilen verstünden sich Russen nicht darauf, aggressiv als Eroberer und Kolonisatoren aufzutreten. Die Idealisierung des Volkes hält die ersten Slawophilen davon ab, die Eroberung neuer Ländereien durch die Zaren in ihre Theorien einzuarbeiten.

Ein anderer Philosophiehistoriker, Alexandre Koyré, macht ebenfalls deutlich, dass die ersten Slawophilen aus den 1830er und 1840er Jahren unmöglich mit Ultranationalisten gleichgesetzt werden können. Er erinnert daran, »dass sie selbst sich innerlich als Fremde in Europa und Fremde in Russland gefühlt haben müssen, um sowohl das Bestreben, wieder in die eigentlichen Quellen des nationalen Lebens einzutauchen und in inniger Gemeinschaft mit dem ›Volk‹ zu stehen, als auch den Traum von einer harmonischen und totalen Kultur zu kennen.«[34] Im Übrigen »waren die am meisten vom Westen Geprägten nicht die Westler«, denn die Slawophilen, die aus bedeutenden Familien der Aristokratie entstammten, hatten in Deutschland studiert, während die Westler verschiedenen und womöglich mehr im russischen Leben verwurzelten Milieus angehörten.[35]

Schließlich ist laut Nikolai Plotnikow »die zentrale Figur des von den Slawophilen definierten ›eigenen Weges‹ die Einheit von Kirche und Staat. Nur funktioniert diese Idee derzeit überhaupt nicht. Man konnte sich eine solche Einheit in den 2000er Jahren vorstellen, als sich Putin sehr stark auf die Russisch-Orthodoxe Kirche stützte, vor allem bei seinen Bildungsprojekten. Damals war dieses Bündnis sehr akzeptabel. Doch angelangt bei konkreten politischen Situationen wie etwa 2014 in der Ukraine tritt die Substanzlosigkeit dieses Ideals zutage. Die politischen und die religiösen Interessen prallen regelrecht aufeinander. Tatsächlich ist in der Ukraine die Mehrheit der Bevölkerung orthodox. Die Russisch-Orthodoxe Kirche befindet sich in einer Zwickmühle«, so Plotnikow, da sie die Gläubigen, die dem Einfluss Moskaus feindlich gesinnt sind, verteidigen müsse und sich zugleich nicht mit Putin überwerfen dürfe.[36] Im Grunde ist es unmöglich, die etatistische, administrative, imperialistische Politik Putins mit der ungleich reicheren, komplexeren und freieren, letztlich auf keinerlei Staatsideologie reduzierbaren ursprünglichen slawophilen Strömung in Zusammenhang zu bringen.

Einem anderen russischen Philosophen, den man oft in die Kategorie der »zweiten slawophilen Generation« einordnet, steht Putins Doktrin hingegen viel näher. Es handelt sich um Nikolai Danilewski (1822–1885), der stets eine der Praxis zugewandte Slawophilie vertreten hat, die von den rein kulturellen und »verträumten« Visionen eines Chomjakow oder eines Kirejewski weit entfernt war. Nach dem Bekunden von Boris Meschujew ist Danilewski heute die wichtigste Inspirationsquelle für Putins Politik, denn »er hat gezeigt, dass der Westen kein universaler Maßstab ist«.[37] Meschujew verheißt Danilewski, der auf der Krim begraben liegt, eine große politische Zukunft, in der er ihn in den Rang eines offiziellen Denkers der laufenden nationalen Erneuerung erhoben sieht. In seinem Hauptwerk, dem 1871 in einem Einzelband veröffentlichten *Russland und Europa*, schlägt Danilewski einen Zusammenschluss aller Slawen unter der Führung Russlands vor. Das Motiv für dieses Projekt ist ihm zufolge zuallererst die Unmöglichkeit für sein Land, Teil Europas zu sein. Seiner Ansicht nach ist Russland zu eigenständig, zu verschieden, um sich mit dem Westen zu verbünden. Ein erster Faktor, der es daran hindert, ist seine Größe: »Man muss zugeben, dass Russland allzu groß und gewaltig ist, um nur eine von mehreren europäischen Großmächten zu sein.«[38] Zudem beute Europa Russland entweder aus oder lehne es ab. Die Feindschaft zwischen Russland und Europa sei strukturell. Nur das, was Danilewski den allslawischen Bund nennt, könne sich mit dem vereinten Europa messen. Man müsse also keine russische Weltherrschaft befürchten, betont er. Im Gegenteil, der Bund aller Slawen würde ein neues globales Gleichgewicht gegen die Anwandlungen der westlichen Vorherrschaft ermöglichen. Und wenn Russland sich, ohne Schwäche zu zeigen, dem Westen entgegenstelle, könne es nur gewinnen: »Der Kampf mit dem Westen ist das einzige Rettungsmittel sowohl zum Ausheilen unserer russischen Kulturkrankheiten als auch zur Entfaltung der allslawischen Sympathien.«[39] Im Anschluss an Hegel, der in den *Grundlinien der Philosophie des Rechts* »das *sittliche* Moment des Krieges« betont,[40] den wirksamen Bund zwischen dem einzelnen Bürger und dem Staat, da jeder Bürger bereit ist, sein Eigentum und sogar sein Leben für das kollektive Heil aufzuopfern, vertritt Danilewski die Ansicht, dass die Mobilisierung des Volkes im Krieg einen privilegierten Nährboden für die kulturelle und politische Wiedergeburt darstellt. Danilewski formuliert sogar ein »Gesetz der geschichtlichen Ökonomie«,[41] nach dem sich in Russland seit Jahren ein Vorrat an vitalen Kräften angesammelt habe. So führt ein Teil des Volkes »unter der Schutzdecke einer mächtigen Natur (in Wäldern, Steppen und Gebirgen) sein ruhiges [...] Leben weiter, in dem er die Elemente seiner zukünftigen Kraft nicht verschwendet, vielmehr immer noch anhäuft«.[42] Und diese »völkische ethnographische Energie«[43] müsse eines Tages das Mittel finden, sich zu verausgaben.

Wenn Danilewski die inneren Kräfte schildert, die Russland für diese kommende Konfrontation zur Verfügung stehen, so erklärt er, dass die »moralische Besonderheit« des russischen Volkes seine Osmose mit dem Herrscher sei.[44] Diese bringe eine dialektische Wirklichkeit hervor, die er einen »disziplinierten Enthusiasmus« nennt,[45] in dem Befehlsgewalt und totale Mobilisierung der völkischen Kräfte perfekt zusammenwirken. Er unterstreicht, dass dies eine Kraft sei, die die Welt selten gesehen habe, vielleicht sogar nie zuvor, denn die Kreuzzüge seien Ausdruck eines »undisziplinierten« Enthusiasmus gewesen. Die Europäer hingegen besäßen weder jenen Heroismus noch jene Einigkeit, die allein es ihnen erlauben könnten, die Russen auf dem Weg zu ihrer historischen Bestimmung aufzuhalten. Im letzten Kapitel seines Werkes tritt Danilewski all jenen entgegen, die nicht an die Besonderheit der slawischen Kultur glauben, und versucht sich ein wenig als »Wahrsager«, um ihre etwaige Gestalt nach dem Sieg über Europa zu beschreiben. Der erste und wichtigste Aspekt des »slawischen kulturhistorischen Typs«[46] sei die Religion. Der Philosoph betrachtet die Russen als ein Volk, das von Gott auserwählt sei, um die religiöse Wahrheit in der Welt zu bewahren. Eine weitere von den Slawophilen entlehnte Idee: Sie seien das Volk, das diese Religiosität in seinem »Charakter« verkörpere – Abscheu vor Gewalt, Demut, Respekt … Neben der Religion seien die Slawen durch ihre Fähigkeit zur politischen Unabhängigkeit, ihren Hang zur bürgerlichen Freiheit gekennzeichnet. Doch für Danilewski steht die slawische Zivilisation dabei erst an ihrem Anfang. Damit sie zu sich selbst findet, müsse sie aufhören, den Westen sklavisch nachzuahmen. Und zu diesem Zweck müsse sie ihn bekämpfen.

Dieses Werk ist eine der Bibeln der derzeitigen politischen Elite Russlands. Es trägt einen Teil von Putins Projekt in sich. Die Idee einer Umsetzung des Russischen Weges durch eine Konfrontation mit Westeuropa hat die Berater des Kremls inspiriert. Noch ein anderer markanter Zug von Danilewskis Doktrin muss hervorgehoben werden. Ebenso wie Konstantin Leontjew und Lew Gumiljow, ein weiterer von Putin zitierter Denker, von dem noch die Rede sein wird, verbirgt Danilewski sein expansionistisches Projekt hinter wissenschaftlicher Neutralität. Er ist gelernter Botaniker. Er liest die Geschichte der Zivilisationen wie die der Entwicklung der Pflanzen- oder Tierarten in einem Schema, in dem ausgehend von artspezifischen »vitalen Energien« Geburt, Blüte und Niedergang aufeinanderfolgen. Wie Berdjajew hervorhebt, unterscheidet dieser Wissenschaftsanspruch das positivistische System Danilewskis radikal von der spekulativen Philosophie der ersten Slawophilen. Danilewski »stützt die große Mission Russlands mit offen naturalistischen Argumenten, seine Slawophilie findet ihre Rechtfertigung nicht in der Religion, sondern in den Naturwissenschaften, ethnographisch, linguistisch, durch die Rassenlehre und die Lehre der Evolutionstypen«.[47] Eine solche Philosophie mit wissenschaftlichem Anspruch weiß der russische Präsident zu schätzen.

6. KAPITEL

DER EURASISCHE TRAUM

Am 29. Mai 2014 unterzeichnen Russland, Kasachstan und Weißrussland feierlich einen Vertrag zu einer Wirtschaftsgemeinschaft. Diese soll sich schnell in eine Eurasische Wirtschaftsunion verwandeln, die den freien Austausch von Personen, Kapital, Gütern und Dienstleistungen erlaubt. Eine gemeinsame Währung und Staatsbürgerschaft wurden thematisiert, tauchen im Vertrag aber nicht mehr auf. Kasachstan und Weißrussland drängt es nicht mehr so sehr, die Integration zu beschleunigen. Die enthusiastische Stimmung ist verflogen. Dem großen Projekt aus Wladimir Putins dritter Amtszeit kommen die Ereignisse in der Ukraine in die Quere. Zunächst hatte der russische Präsident ein solches Gefüge nicht ohne eine Beteiligung der Ukraine geplant, doch dann kehrte diese Russland den Rücken. Der Krieg, den Moskau daraufhin im Namen der Verteidigung der russischsprachigen Bevölkerung führte, hat die Ambitionen der weißrussischen und kasachischen Partner abkühlen lassen. Das hält den russischen Präsidenten nicht davon ab, für den Beitritt neuer Mitglieder zu werben. Am 2. Januar 2015 tritt Armenien der Union bei, Kirgisistan folgt am 8. Mai. Doch die Eurasische Wirtschaftsunion, aus der Putin das Pendant zur Europäischen Union machen möchte, steht erst am Anfang.

Bereits zu Beginn seiner Präsidentschaft, als er noch den Westler spielt, behält Putin diese zweite Waagschale des russischen geopolitischen Gleichgewichts stets im Blick. Wenn er auch bekräftigt, dass »Russlands Kultur und die Traditionen, auf denen sie beruht, das Land in die europäische Zivilisation einbinden«, erinnert er zugleich daran, dass »wir uns natürlich auch in Asien befinden«, was »normale und freundschaftliche Beziehungen« mit Zentralasien, China, Indien und Japan erfordere.[1] Putins Staatsbesuche gleich nach seinem Amtsantritt sind ein Beleg dafür. Doch es genügen wenige Monate, in denen die Beziehungen zu Europa und den Vereinigten Staaten bereits konfliktbeladen sind (NATO-Osterweiterung, Polemik über das Auftreten des russischen Präsidenten nach dem Untergang des U-Boots *Kursk* im August 2000, respektloser Ton der amerikanischen Medien), um die asiatische Seite noch verlockender erscheinen zu lassen. In einem Artikel mit dem Titel »Russland: neue östliche Perspektiven« beteuert der Präsident, dass »Russland sich schon immer als eurasisches Land gefühlt hat. Wir haben niemals vergessen, dass sich der Hauptteil des russischen Territoriums in Asien befindet. Es stimmt, offen gesagt, dass wir diesen Vorteil nicht immer genutzt haben.«[2] Es sei an der Zeit, die Umorientierung der russischen Politik Richtung Asien in die Tat umzusetzen. Am Tag seiner dritten Amtseinführung insistiert der Präsident auf der Notwendigkeit einer neuen Etappe: »Gemeinsam sind wir einen langen und schwierigen Weg gegangen. Wir haben begonnen, an uns selbst, an unsere Stärken zu glauben. Wir haben das Land gefestigt, haben unsere Würde als große Nation zurückerobert. Die Welt hat gesehen, wie Russland wiedergeboren wurde [...]. Heute haben wir alles, um voranzuschreiten.«[3] Welchem Ziel entgegen? »Führer und Kraftzentrum ganz Eurasiens zu werden.«[4] Kaum jemand vermag die Ereignisse der nächsten Monate vorauszuahnen, doch Putin kündigt schon damals an: »Die kommenden Jahre werden Russlands Schicksal für die nächsten Jahrzehnte bestimmen.«[5] Ende 2013 wird der große Plan bekräftigt. In einer Rede bezeichnet Putin die Entwicklung Sibiriens und des Fernen Ostens Russlands als »nationale Priorität für das gesamte 21. Jahrhundert«.[6]

Putin ist freilich nicht der Erste, der die eurasische Doktrin politisch besetzt. Der kasachische Präsident Nursultan Nasarbajew ist ihm zuvorgekommen, und so sind es auch die politischen Führer anderer ehemaliger Sowjetstaaten oder turk- und mongolischsprachiger Territorien in Russland wie Kirgisistan, Tatarstan, Burjatien, Kalmückien. 1996 gründet Nasarbajew die Eurasische Nationale Gumiljow-Universität, die nach einem im 20. Jahrhundert wirkenden Eurasier benannt ist. Putin gesteht ihm gern die Vaterschaft für diese Idee zu: »Der Urheber ist niemand anderes als Sie«, gratuliert er dem kasachischen Präsidenten.[7] Vor den jungen Russen auf dem Seliger-Forum räumt er ein: »Die eurasische Union, das muss ich zugeben, ist keine Erfindung von mir.« Doch dieses Mal hält er sich nicht lange mit Nasarbajew auf, sondern geht zurück bis zu ... russischen Denkern: »Philosophen wissen, was die eurasische Idee ist, auf welche Weise sie sich entwickelte, wer sie in Russland unterstützte. Und die Kasachen haben sie aufgegriffen.«[8]

Die Ursprünge dieses Projekts sind tatsächlich in der Philosophie zu finden. Die russische Niederlage am Ende des Krimkriegs 1856 gegen Frankreich, Großbritannien und das Osmanische Reich lässt eine gewisse Desillusion gegenüber Europa entstehen. Russland beginnt, sich Asien zuzuwenden.[9] Doch wirklich zum Leben erwacht die eurasische Strömung erst in den 1920er Jahren, nach der russischen Revolution, unter den nach Prag, Sofia, Wien, Berlin oder Paris emigrierten Denkern. Einer ihrer Vertreter, der Geograph und Ökonom Pjotr Sawizki (1895–1968), lehnt die durch den Ural materialisierte Trennung zwischen Europa und Asien ab und postuliert die Existenz eines »dritten Kontinents«, Eurasien, einer »besonderen geographischen Welt«,[10] deren Zentrum Russland ist. Diese Welt hat einen geobotanischen Zusammenhang, weil sie sich von Ost nach West über Tundra, Taiga, Steppe und Wüste erstreckt. Drei Ebenen weben sie von Nord nach Süd zu einem Ganzen zusammen.[11] Im Hinblick auf das Landschaftsrelief (das abgesehen von der »falschen Grenze« Ural nahezu bruchlos ist) und das Klima wirkt das Territorium wie eine harmonische Einheit. Darüber hinaus verleiht dieser andere Kontinent auch einem großen Teil der Welt erst Sinn: »Russland-Eurasien ist das Zentrum der Alten Welt«, schreibt Sawizki. »Entfernt man dieses Zentrum, verwandelt sich alles andere, das gesamte System der kontinentalen Ränder (Europa, Vorderer Orient, Iran, Indien, Indochina, China, Japan) in ein ›verstreutes Bauwerk‹. Diese Welt, die im Osten der europäischen Grenzen

und im Norden des ›klassischen‹ Asien liegt, ist das Bindeglied, das alles zu einer Einheit zusammenschließt. Das ist
heute bereits offensichtlich und wird in der Zukunft noch
deutlicher werden.«[12] Der Linguist Nikolai Trubetzkoy
(1890–1938) versucht seinerseits zu beweisen, dass dieser
Raum eine trotz ihrer Unterschiede kohärente Sprachge-
meinschaft beherbergt. Wenn ein Gesetz existiert, das die
Vielfalt der Sprachen erklärt, müsse es auch einen Meta-
kontinent geben, der diese Harmonie der Unterschiede in
sich vereint – Eurasien.

Die eurasische Strömung unterscheidet sich von den bisher aufgezählten. Konträr zu den Westlern kritisieren die
Eurasier den »Europazentrismus«, der sich als einziger Träger des Fortschritts in der modernen Geschichte versteht.
Laut Trubetzkoy »müssen wir uns an die Idee gewöhnen,
dass die romano-germanische Welt mit all ihrer Kultur
unser schlimmster Feind ist. Wir müssen die Götzen der
vom Abendland erborgten Vorurteile und sozialen Ideale,
die noch immer die Ideen unserer Intellektuellen lenken,
erbarmungslos stürzen und mit Füßen treten.«[13] Doch in
einem wesentlichen Punkt, der die russische Geschichte
betrifft, unterscheiden sich die Eurasier auch von den
Slawophilen. Die lange Periode des tatarisch-mongolischen
Jochs, die vom 13. bis zum 15. Jahrhundert andauerte, wird
in Russland traditionell als eine Zeit von Terror, Verfolgung und Willkür gesehen. Das orthodoxe russische Volk
musste zwei Jahrhunderte der Fremdherrschaft erdulden.
Die Eurasier bewerten diese Periode anders. Ihnen zufolge
begünstigte sie den Zusammenschluss der russischen Fürs-
ten. Die mongolische Präsenz hätte demnach auch, so wie

die arabische Präsenz in Spanien, einen Fortschrittsfaktor dargestellt. Die tatarischen Horden hätten in Sachen ökonomischer und finanzieller Kompetenz, politischer Verwaltung, militärischer Wirksamkeit sowie, nicht zu vergessen, einer echten religiösen Toleranz Russland enorm viel gebracht. Über Dschingis Khan schreibt Nikolai Trubetzkoy: »[Er] war nicht nur ein großer Eroberer, er war auch ein großer Organisator. Wie jeder Staatsmann von solch überragendem Maßstab ließ er sich in seiner Organisationstätigkeit nicht nur von ausschließlich utilitären Überlegungen des Augenblicks, sondern auch von bestimmten übergeordneten Prinzipien und Ideen leiten, die in einem harmonischen System vereint waren.«[14] Der Eurasismus ist eine Doktrin, die die nichtrussischen Völker der Region, vor allem die turksprachigen, vollkommen integriert. Dabei wurde der Islam von der Mehrheit der Vertreter des Eurasismus nicht als Feind erachtet, eher im Gegenteil. Auch sahen zahlreiche Eurasier, hier nun im Gegensatz zu Iljin, die Revolution von 1917 und die Geburt eines neuen geopolitischen Riesen auf eurasischem Boden mit wohlwollendem Blick. Für sie markierte dieses Ereignis die Befreiung der eurasischen Macht Russland aus einem todbringenden europäischen Universum, das der eigenen orientalischen, »turanischen« Polarität entgegensteht.

Diese zu Sowjetzeiten untergründige Strömung wurde in den 1990er Jahren wiederentdeckt. Seit nunmehr zwanzig Jahren erfreut sie sich sogar einer immensen Popularität im gesamten postsowjetischen Raum. Die berühmteste Figur dieser Renaissance ist, zahlreichen Missverständnissen zum Trotz, Alexander Dugin.[15] Im Westen wird der Mann mit dem Prophetenbart und den azurblauen Augen manchmal als Putins »Guru« bezeichnet. Das ist er nicht. Nach Auskunft des ehemaligen Wirtschaftsberaters Andrej Illarionow seien »die grobschlächtigen Proklamationen Dugins eine Beleidigung für die Intelligenz des Präsidenten«, und es sei sehr unwahrscheinlich, dass sie miteinander verkehren. Doch von der gewaltigen medialen Aktivität des Neoeurasiers wird Putin zwangsläufig beeinflusst. Dugin vertritt eine seltsame Mischung aus Eurasismus und Doktrinen, die mit der extremen Rechten in Verbindung stehen. Er ist bedingungsloser Fan von Carl Schmitt und dem Schöpfer des Nationalbolschewismus, Ernst Niekisch. Er ist Anhänger des antimodernen Traditionalismus von René Guénon und des faschistischen Paganismus von Julius Evola. Er schmückt sich mit einer Aura des Okkulten, genau wie der geheimnisumwitterte, einst der OAS nahestehende rumänischstämmige Autor Jean Parvulesco, der mit einigen Regisseuren der Nouvelle Vague befreundet[16] und ein begeisterter Anhänger Putins war. Dugin sieht sich als Erbe des nationalrevolutionären belgischen Theoretikers Jean-François Thiriart. Selbst französischsprechend, ist er seit Langem innerhalb der französischen »Neuen Rechten« sehr wohlgelitten und zitiert regelmäßig Alain de Benoist. Französische Übersetzungen seiner Werke erscheinen mit Vorworten von Alain Soral, dem antisemitischen Theoretiker der Bewegung *Égalité et Réconciliation* (»Gleichheit und Versöhnung«). In einem dieser Werke, verfasst 2009, wirbt er im Namen des eurasischen Imperiums für einen Kampf gegen den liberalen und demokratischen Westen. Er versucht zu zeigen, dass die »liberale Globalisierung« uns

»in den Abgrund der postmodernen Auflösung und Virtu-
alität« zieht. »Unsere Jugend steht schon mit einem Bein in
diesem Abgrund: Die Codes der liberalen Globalisierung
dringen immer wirksamer in die Ebene des Unbewussten
ein, in die Gewohnheiten, die Werbung, den Glamour, die
Technologien, die Netzmodelle. Der Verlust nicht nur der
nationalen oder kulturellen, sondern auch der geschlecht-
lichen und bald schon der humanen Identität ist inzwischen gang und gäbe.«[17] Dugin löst den Eurasismus in der
Theorie der »neuen Weltordnung« der extremen Rechten
auf, wobei er sie mit Okkultismus und Messianismus versetzt – ein Kapitel trägt den Titel »Die globale Demokratie als Reich des Antichristen«.[18] Für Russland bestehe die
wichtigste Frage darin, entweder einer auszehrenden Globalisierung nachzugeben oder den Widerstand gegen sie
zu verkörpern. Er konstatiert, dass Putin zunächst in einer
abwartenden Haltung verharrt habe: »Die Macht hat einen
direkten Individualismus abgelehnt, ohne deshalb eine alternative (slawophile, eurasische) Position einzunehmen.
Die Macht ist erstarrt.«[19] Doch »es wird nicht möglich
sein, das ›Gummiband‹ bis über einen gewissen kritischen
Punkt hinaus zu dehnen. Die Macht wird gezwungen sein,
die Entscheidung zu treffen, durch die die künftige Logik
der Beziehungen zum Westen vorherbestimmt wird.«[20] Mit
Blick auf die postsowjetischen Staaten, die versucht sind,
sich Europa und den Vereinigten Staaten zuzuwenden,
sagt Dugin eine Konfrontation mit dem Westen voraus.
»Wenn die Ukraine und Georgien in den Aufbau des amerikanischen Imperiums eingehen, […] dann würde Russlands eigenes imperiales Projekt blockiert werden.«[21] »Der

Countdown zur Verhinderung der Annexion der Ukraine durch das Imperium der Atlantiker läuft bereits.«[22] Nach dem Warnschuss der Invasion in Georgien im Jahr 2008 fühlt Russland sich bereit für das Kommende. »Wir können nicht ausschließen, eine Schlacht um die Krim und um die Ostukraine führen zu müssen«, schlussfolgert Dugin.[23]

Befragt zu den Philosophen, die Putin inspirieren, weist Alexander Dugin darauf hin, dass sich hier mehrere ideologische Modelle überlagern. »Zuallererst ist Putin mit seiner sowjetischen Erziehung und seiner Erfahrung beim KGB ein *homo sovieticus*. In seiner Weltanschauung ist die kapitalistische Welt ein Feind. Dieser Grundlage hat er eine Schicht jenes imperialen und konservativen russischen Nationalismus hinzugefügt, wie er aus der weißgardistischen Bewegung der Emigration hervorging, namentlich aus dem Geist Iwan Iljins, der Gegner der Eurasier war. Doch Iljin ist kein eigenständiger Denker. Er hat nichts vorhergesagt. Aus philosophischer Sicht ist er eine Niete. Außerdem ist Putin kein Antikommunist, so wie Iljin es war. Kurzum, die Förderung Iljins spielt nur eine technische, interne Rolle: ein primitives Denken für primitive Leute«,[24] für die Diener der Macht. Die dritte Ebene leitet Dugin aus seiner Beschäftigung mit den Werken Parvulescos und den europäischen Projekten Thiriarts her: »Putin will eine Union der europäischen christlichen Reiche verwirklichen«,[25] basierend auf einem Modell, das angeblich der russische Philosoph Wladimir Solowjow vorgeschlagen hat. Es handelt sich um eine »konservative Utopie«, nach der sich die zu ihrer christlichen Identität zurückfindenden alten Reiche Europas zusammenschließen würden, um »gegen den

Antichristen zu kämpfen«, allerdings »unter strategischer Kontrolle Russlands«.[26] Doch Dugin zufolge gibt es noch eine vierte, wesentlichere Ebene: den Eurasismus. »Diese Lehre ist keine Ideologie unter anderen. Sie beerbt die slawophile Tradition, vor allem die Slawophilen der zweiten Generation wie Leontjew, Danilewski oder auch Dostojewski. Doch die Eurasier sind kohärenter als die Slawophilen. Ihr Studium der russischen Zivilisation ist logischer und rationaler. Vor allem berührt der Eurasismus den zentralen Nerv der russischen Geschichte. Er vereint, was es in der weißen und roten, monarchischen und sozialistischen Geschichte des Landes an Gemeinsamkeiten gibt.«[27] Auf diese Weise werden die verschiedenen historischen Perioden des Landes miteinander versöhnt. »Heute erfährt der Eurasismus seine ganze Aktualität in der wachsenden Konfrontation zwischen dem atlantizistischen Westen und Eurasien«, so Dugin.[28] Putin vermenge alle diese Zutaten und vergesse dabei auch nicht, einen »Realismus auf internationaler Ebene« hinzuzufügen, »der es ihm zum Beispiel erlaubt hat, seine Einflusszone auszuweiten, indem er sich im passenden Moment der Krim bemächtigte.«[29] Auf politischer und strategischer Ebene wolle Putin gegen den amerikanischen Einfluss ein »eurasisches Imperium errichten«.[30] »Bevor drei Jahre vorüber sind, wird er einen Teil der Ukraine an sich gerissen haben, den Teil am rechten Ufer des Dnepr.«[31] Was die westliche Ukraine betrifft, die Kiew als Hauptstadt behielte, so »wird sie niemals einen Staat verkörpern können«.[32] Ihr bleibe nur, eine Art »folkloristische Zone mit ukrainischer Identität« zu werden, ohne jede politische Eigenständigkeit.[33]

Woher genau stammen nun Wladimir Putins eurasische Anregungen? Mag sein, dass er nicht mit Dugin verkehrt, doch von den historischen Eurasiern hat er gewiss auch kaum Kenntnis. Großes Interesse zeigt er hingegen für einen Denker, den man zuweilen als das fehlende Bindeglied zwischen der ursprünglichen Lehre aus den 1920er Jahren und ihren aktuellen, mehr oder weniger treuen Neuinterpretationen betrachtet. Es handelt sich um eine eigentümliche, heute im gesamten postsowjetischen Raum sehr bekannte Persönlichkeit, Lew Gumiljow (1912–1992), Sohn des Dichterpaares Nikolai Gumiljow und Anna Achmatowa. Gumiljow verbrachte einen Großteil seines Lebens in Putins Geburtsstadt Leningrad – dann, wenn er nicht im Gulag war. Der Politologe Alexander Morosow behauptet, es gebe sichere Quellen, die besagen, dass Putin Ende der 1990er Jahre regelmäßig einen Studienzirkel besuchte, der sich mit Gumiljows Werk beschäftigt habe. »Er hat eine recht profunde Kenntnis von ihm«, versichert Morosow.[34] Außerdem ist er praktisch der einzige Eurasier, den Putin zitiert, und dies tatsächlich wie eine Person, die er einmal kannte, so etwa im Jahr 2000 gegenüber dessen Witwe Natalja Gumiljowa. »In Russland halten wir mit besonderer Wärme das Gedenken an Lew Gumiljow in Ehren«, betont er.[35] 2004 verkündet er am gleichen Ort, in der neuen kasachischen Hauptstadt Astana: »Gumiljows Ideen haben inzwischen die Massen erreicht«, und Kasachstan versuche, »im täglichen Leben zu verwirklichen, was von dem großen russischen Denker in seiner Zeit dargelegt wurde«.[36] Anschließend behauptet Putin, man brauche nur eine Karte zu entfalten, um zu

verstehen, dass Russland »sich im Zentrum Eurasiens befindet«.[37] Im Jahr darauf verwendet er Gumiljows Rhetorik,
um die Gunst der mächtigen Republik Tatarstan – die zur
Russischen Föderation gehört, aber Autonomieanwand-
lungen zeigt – zu gewinnen. Putin führt aus: »Eine ganze
Reihe von Historikern integriert die Geschichte der [tata-
rischen] Goldenen Horde in Russlands eigene Geschichte«,
bevor er unterstreicht, dass sich manchmal die Russen an
der Seite der Tataren, manchmal die Tataren an der Seite
der Russen schlugen, und mit Gumiljow die »große Kultur
der Steppe« rühmt, welche verschiedene Völker innerhalb
ein und derselben Zivilisation eint.[38] Diese Huldigungen
setzen sich fort, beispielsweise als Putin seine Erfolgswün-
sche an einen Kongress in Sankt Petersburg übermittelt,
in dessen Mittelpunkt »Das Erbe von Lew Gumiljow und
das Schicksal der Völker Eurasiens: Geschichte, Aktualität, Perspektive« stehen. »Lew Gumiljow, der als Analytiker
über ein Ausnahmetalent, das Talent eines authentischen
Forschers und Entdeckers verfügte, hat einen einzigartigen
Beitrag zur Entwicklung des nationalen und internationalen wissenschaftlichen Denkens geleistet.«[39]

Warum dieses Interesse für Gumiljow? Zunächst vielleicht, weil sie sich möglicherweise zu Beginn der 1990er
in der einstigen kaiserlichen Hauptstadt begegnet sind.
Dann, weil Gumiljow deutlich antiwestlich eingestellt ist.
In einem Interview von 1992 vertritt er die Ansicht, die
Zukunft Russlands liege in der Konstituierung einer »eurasischen Macht« und in der Wahl guter Verbündeter: »Die
Türken und die Mongolen können echte Freunde sein,
doch die Engländer, die Franzosen und die Deutschen sind,

davon bin ich überzeugt, nur machiavellistische Ausbeu-
ter.«[40] Im gleichen Jahr beginnt Putin in Petersburg seinen
Aufstieg an die Spitze der Macht. Schließlich ist festzustel-
len, dass sich Gumiljow (ebenso wie Leontjew und Danilewski) von den anderen antiwestlichen Denkern und von
manchen historischen Eurasiern durch einen deutlichen
wissenschaftlichen Anspruch unterscheidet. Ob Gumiljow
wirklich der sowjetische Erbe der ersten Eurasier ist, »der
letzte Eurasier«, ist weniger gewiss, als seine Anhänger
verkünden.[41] Er entwickelte etwas, das er eine determinis-
tische Biologie der Völker nannte. Diese Theorie stimmt
nun kaum mehr mit der Ansicht seiner Vorgänger überein,
die der Meinung waren, dass sich verschiedene Völker in
einer Region vereinen können und es eine mächtige Inter-
aktion zwischen der Geographie und dem Leben der Völker gebe. Gumiljow interessierte sich viel eher für etwas,
das seiner Annahme nach ein Einfluss der (von den Lebe-
wesen, den Mineralien, der Sonnenaktivität ausgehenden)
kosmischen Energie auf dieses oder jenes Volk ist. Gumiljow, zutiefst naturalistisch, glaubte an die Genetik, nicht
an den Einfluss der Umwelt auf den Menschen. Die Idee
einer auf dieses oder jenes Volk übertragenen kosmischen
Kraft steht bei Gumiljow am Ursprung einer fundamentalen Vorstellung, der *Passionarität*. Und genau diese rühmt
Putin in einer bedeutsamen Rede. Vor der Föderalen Versammlung wendet der russische Präsident am Ende eines
Jahres, in dem sich zum ersten Mal ein beachtlicher Pro-
test gegen seine Politik und seine Person erhoben hatte,
Gumiljows Ideen bei seiner Analyse der Vorgänge in der
Welt an: »Die Konkurrenz um die Ressourcen wird härter.

Und ich möchte Ihnen versichern, meine lieben Kollegen, und unterstreichen, dass dieser Konkurrenzkampf nicht allein Metalle, Erdöl und Gas betrifft, sondern vor allem humane Ressourcen, den Intellekt. Manche werden in diesem Wettlauf die Führung übernehmen. Die anderen bleiben Außenseiter und werden unweigerlich ihre Un-abhängigkeit verlieren. Jede Nation wird nicht nur von ihrem ökonomischen Potential abhängig sein, sondern zuallererst von ihrem Willen, ihrer inneren Energie – von der Passionarität, wie Lew Gumiljow sagte, der Fähigkeit, voranzugehen und zu verändern.«[42] Wladimir Putin ent-scheidet sich für die szientistischste Version der eurasi-schen Idee. Im Grunde ist die Passionarität des russischen Volkes in seinen Augen vitaler als die gleichberechtigte Koexistenz der verschiedenen eurasischen Völker, die in den Vorstellungen der Gründer der Bewegung diese Rolle spielte. In dieser Hinsicht ist, wie Alexander Morosow be-tont, ebenso anzumerken, dass seit 2012 neue Begriffe im Vokabular des Präsidenten auftauchen: »jener der ›russi-schen Zivilisation‹, oder mehr noch jener des ›zivilisato-rischen Codes‹, der suggeriert, dass eine Zivilisation ein lebender Organismus ist, der seinen eigenen genetischen Code besitzt«.[43] Putin erwähnt vor allem »unseren histori-schen Code, unseren nationalen Charakter«.[44] Der Philo-sophiehistoriker Nikolai Plotnikow bestätigt diesen szien-tistischen Tropismus. In der Rede vom 18. März 2014, in der Putin die Annexion der Krim feiert, »taucht die Idee einer nicht nur kulturellen, sondern genetischen Überle-genheit des russischen Menschen auf. Er sei widerstands-fähiger etc. Diese soziobiologische Analyse der Völker ist ein Erbe Danilewskis und Gumiljows. Man kann diesen Typus von Ideologie nicht mit dem Nationalsozialismus gleichsetzen, weil man es hier nicht mit einer Ideologie der Zerstörung des anderen zu tun hat. Dagegen behauptet diese Theorie durchaus eine nicht nur soziale und moralische, sondern auch genetische Überlegenheit der Russen über die anderen Völker.«[45]

7. KAPITEL

DOSTOJEWSKI UND BERDJAJEW, DIE FALSCHEN FREUNDE

Zwei besonders heikle Fälle sind hier genauer zu hinterfragen. Regelmäßig werden zwei der bedeutendsten russischen Autoren des 19. und 20. Jahrhunderts von Putin und den Repräsentanten der konservativen Wende ins Feld geführt. Es handelt sich um den Schriftsteller Fjodor Dostojewski (1821–1881) und den Philosophen Nikolai Berdjajew (1874–1948). Ihre Porträts prangen nebeneinander auf der Webseite für »konservatives politisches Denken«, *Russkaja Idea* – was auch der Titel eines Werkes von Berdjajew ist. Putin zitiert sie beide. Wenn man seinen Bekundungen Glauben schenkt, gehört ersterer zum Pantheon seiner Lieblingsschriftsteller. Putin nennt neben Dostojewski auch noch Tolstoi, Tschechow, Lermontow oder Mandelstam.[1] Gegenüber *Paris Match* beteuert er, »mit Vergnügen die russischen Klassiker zu lesen, besonders Dostojewski und Tolstoi«.[2] Der Verweis auf den Autor von *Verbrechen und Strafe* oder *Der Idiot* wird hernach bei jeder guten Gelegenheit wieder aufgegriffen, doch zu mechanisch, zu situationsbedingt, um wirklich tiefsinnig zu erscheinen. 2006 hält der Präsident in Dresden, jener Stadt, in der er für den KGB arbeitete und in der Dostojewski während seiner europäischen Wanderjahre eifrig die Gemäldegalerie besuchte, eine Rede zur feierlichen Enthüllung eines Denkmals für den großen Schriftsteller. Dabei vertritt er einen sanften und proeuropäischen Dostojewski. Er erklärt: »Einer der Leitsprüche von Fjodor Dostojewski war die Parole: ›Dass die Schönheit die Welt retten wird‹. Das bezog sich natürlich in erster Linie auf die Harmonie zwischen den Menschen. In diesem Sinne zeugt diese symbolische Geste der deutschen Bundesregierung, der Landes- und der Stadtregierung davon, dass wir alle in einem gemeinsamen europäischen Kulturraum leben.«[3] Ein Pathos, das einem Dostojewskischen Träumer zur Ehre gereicht. Kurz darauf bringt Putin den Romancier auf aggressivere Weise zum Einsatz. Mit Bezug auf die berühmte Rede Dostojewskis, die der Dichter einige Wochen vor seinem Tod Puschkin zu Ehren hielt, und auf die in ihr formulierte »politisch-philosophische Definition der europäischen Berufung Russlands« zieht Putin den Schluss, »dass Europa ohne Russland nie im Frieden mit sich selbst sein kann, wie auch Russland ohne Europa nie seine ›europäische Sehnsucht‹ zu stillen vermag.«[4] Kurzum, er ruft dazu auf, Russland nicht aus dem europäischen Integrationsprozess auszuschließen. Das zeigt, dass sich der Gebrauch Dostojewskis wandeln kann. Die konservative Wende überträgt dem Autor der *Brüder Karamasow* eine neue Rolle. Aus dem Romancier, der für seine christusgleiche Sanftheit und seine ökumenische Vision des Europa und Russland einigenden Bandes geschätzt wird, wird plötzlich (wieder) der erbitterte Gegner der liberalen, sozialen und prowestlichen *Intelligenzija* – der Autor des antinihilistischen Romanpamphlets *Böse Geister*. Am 25. Mai 2014, noch am selben Abend der ukrainischen Präsidentschaftswahlen, die den Sieg der proeuropäischen Bewegung sicherstellen, strahlt der Sender Rossija 1 nach großer Werbekampagne die ersten Episoden einer Serie von Wladimir Chotinenko aus, eine Adaption der *Bösen Geister*. Dieser Filmemacher, Mitglied des Kulturrats des orthodoxen Patriarchats von Moskau, sendet eine sehr klare Botschaft an die proeuropäischen Intellektuellen: Das Land liebt euch nicht. Der Roman erzählt bekanntlich vom Komplott skrupelloser Revolutionäre gegen die rechtmäßige Macht in einer Provinzstadt. Zynische und brutale junge Nihilisten werden von lächerlichen, westlich orientierten Intellektuellen in ihrem Tun bestärkt. Letzten Endes ermorden sie einen engagierten orthodoxen Nationalisten. Die Liberalen von heute haben den Wink verstanden. Auf Radio Echo Moskwy verwahrt sich Dmitri Bykow, Schriftsteller, satirischer Dichter und putinkritischer Chronist, gegen diese Adaption, sie sei ein »Verbrechen gegen den Text und den Kontext«. Er finde es schlichtweg dumm, »die nach Freiheit dürstenden russischen Intellektuellen als ›böse Geister‹ zu verunglimpfen«.[5] Die antiwestlichen Stimmen hingegen genießen Chotinenkos Attacke gegen die vielgeschmähten »Liberalen«. Nach Ansicht des Fantasyautoren Sergej Lukjanenko »entsprechen die Ereignisse in der Ukraine genau dem, was Dostojewski beschrieb. Es handelt sich um eine klassische Situation des Kampfes gegen Russland […]. Doch die Ukrainer gehören zum russischen Volk.«[6] So wird Dostojewski vollends in den Dienst ideologischer Zwecke gestellt. Bewegt sich einer der berühmtesten russi-

schen Schriftsteller, jemand, der das kulturelle und philosophische Leben der Nation nachhaltig prägte und alle
großen russischen Denker von Solowjow bis Berdjajew inspirierte, tatsächlich auf der Linie Putins?

Für die Verfechter der konservativen Wende steht das
außer Zweifel. Dostojewski war in seiner Jugend ein mit
dem Sozialismus sympathisierender Proeuropäer gewesen, bevor er die Erfahrung des Straflagers und der Ver-
bannung machte. Daraufhin kritisierte er die westlichen
Ideologien seiner Zeit: den revolutionären Sozialismus,
den Anarchismus, den Utilitarismus, den Positivismus,
den Szientismus, die er allesamt als Varianten eines zer-
störerischen Atheismus betrachtete. In den *Bösen Geistern*
wollte er eine Verwandtschaftslinie zwischen den westlich
orientierten, idealistischen Liberalen der 1840er Jahre und
der gewaltbereiten und alles negierenden Folgegeneration
aufzeigen. In den 1870er Jahren näherte er sich zunehmend
den reaktionärsten Milieus. Damals veröffentlichte er in
dem von den Anhängern des Russischen Weges gern zitierten *Tagebuch eines Schriftstellers* die schrillsten Deklarationen. Er singt darin unter anderem ein Loblied auf Nikolai
Danilewski, der denselben ideologischen Weg gegangen
war wie er, vom Fourierismus zur Reaktion. Er rühmt »das
vortreffliche Buch *Russland und Europa*«, aber moniert in
ihm »ein einziges unklares und unsicheres Kapitel« im
Hinblick auf »das zukünftige Schicksal Konstantinopels«.[7]
Nach Dostojewskis Ansicht hätte man Istanbul den Türken wieder nehmen und die Stadt unter ausschließliche
Kontrolle der Russen stellen müssen (und nicht, wie Danilewski vorschlägt, unter die aller Slawen). Der Romancier

hat eine messianische Vorstellung von der Rolle Russlands. Die Tugenden des russischen Volkes im Bündnis mit der Macht des Zarenreiches sollen die Welt retten. Unablässig werden die russische Seele und die nationalen Wurzeln verherrlicht. Dostojewski scheint am Ende derart besessen von einer vermeintlichen Allianz zwischen der römisch-katholischen Kirche und den sozialistischen Kräften zu sein, dass er in eine leicht wahnsinnige religiöse Theorie abgleitet. Selbst ein Anhänger der konservativen Wende wie Boris Meschujew ist der Ansicht, dass Dostojewski als fanatischer Befürworter eines Kampfes gegen den Katholizismus in diesem Punkt keinen Einfluss auf die aktuelle russische Politik hat, die weit davon entfernt ist, einen Krieg der Religionen gegen Rom zu entfachen.

Doch dieses Bild ist in weiten Teilen unvollständig. Es lässt sich zwar nicht leugnen, dass Dostojewski in den 1870er Jahren reaktionären Doktrinen nahestand, und auch nicht, dass er eine proorthodoxe religiöse Theorie entwickelte. Doch als Mensch, als engagierter Intellektueller und als Romancier war er weit mehr als das. Im Hinblick auf seine politischen und philosophischen Ideen sei nur daran erinnert, dass Dostojewski zu Beginn der 1860er Jahre, nach seiner Rückkehr aus dem Straflager, eine Zeitung gründete, um den Bewegungen der Slawophilen und der Westler eine alternative Theorie zur Seite zu stellen. Gleichfalls muss man darauf hinweisen, dass er seine Ansichten in der zweiten Hälfte der 1870er Jahre wieder revidierte. Mit Interesse und zuweilen auch mit Sympathie beobachtete er die neue, revolutionäre Generation, die vom Nihilismus Abstand nahm, zugunsten eines Populismus mit manchmal fast mystischen Zügen. Zudem erweist sich seine nationalistische Theorie als viel komplexer als Danilewskis Theorie der »kulturhistorischen Typen«. Letzterer betont die irreduzible Spezifität der Typen und den Abstand, der sie trennt. In *Russland und Europa* schreibt er: »Schwer ist es, einem Franzosen und Engländer beizubringen, auf deutsche Art gut zu denken, und umgekehrt, noch schwerer muss dies für den Slawen sein, denn der sie trennende ethnographische Abschnitt ist beträchtlicher.«[8] Die Dostojewskische Vision des russischen Menschen steht der von Danilewski diametral gegenüber. In seinem Roman *Ein grüner Junge*, in dem sein Ideal des »universalen Russen« in Gestalt des entwurzelten Aristokraten Werssilow in Szene gesetzt ist, heißt es: »Jeder Franzose vermag nicht nur seinem Frankreich, sondern auch der Menschheit zu dienen, aber einzig und allein unter der Bedingung, dass er Franzose bleibt; ebenso der Engländer und der Deutsche. Allein dem Russen eignet in unserer Zeit schon […] die Fähigkeit, erst dann möglichst russisch zu sein, wenn er soweit wie möglich Europäer ist. Und das ist unser wesentlichstes nationales Merkmal, das uns von allen anderen unterscheidet und einmalig ist. Ich bin in Frankreich – Franzose, mit einem Deutschen – Deutscher, mit einem alten Griechen – Grieche und gerade dadurch erst wirklich Russe.«[9] Sicher, diese Fähigkeit zur strukturellen Offenheit gewährleistet in Dostojewskis Augen letzten Endes die Überlegenheit des Russen über die Deutschen oder die Franzosen. Doch sie hat den Vorteil, jede Pseudowissenschaft der Völker zu vermeiden, eine ethische Dimension zu beinhalten und dialektischer zu sein als die Theorie der genetischen Vorrangstellung des Russen. Dostojewski vergisst nie, dass auch er ein Petersburger und entwurzelter Intellektueller ist, der die westliche Kultur liebt. Diese Idee der russischen Nation als Sieg der Fragilität würde es dem Romancier zufolge erlauben, das Duell zwischen Westlern und Slawophilen hinter sich zu lassen. Die von ihm sehnlich herbeigewünschte russische Universalität ist überhaupt erst dank der durch Peter den Großen eingeleiteten »Erweiterung des Blicks«[10] auf Europa möglich geworden, einer Erweiterung, die bei keinem Volk der Welt ihresgleichen hat. Die Slawophilen mit ihrem Rückzug auf sich selbst berauben sich der Möglichkeit, die universale Mission Russlands zu denken. Die Westler, so sie diese Erweiterung mit einer Nachahmung des Westens verwechseln, begreifen nicht, dass mit ihr das heilbringende Schicksal der russischen orthodoxen Idee nur beschleunigt wird. Diese offene Version des Nationalismus ist es, die Dostojewski später in seiner *Rede über Puschkin* verteidigen wird, einem Aufruf zur Konstruktion eines russischen Geistes, der eher kulturell und pazifistisch als politisch und militärisch wäre.

Dostojewski ist, das ist das mindeste, was man sagen kann, verrückter, genialer und tiefgründiger als Danilewski. Er ist Nationalist, Panslawist und intolerant gegenüber anderen Konfessionen und Religionen, und zugleich ist er Universalist, im weitesten Sinne Unanimist und aus tiefster Überzeugung Europäer. Diese beinahe unbegreifliche »Weite«[11] findet ihren markantesten Ausdruck freilich in seinen Romanen. Doch auch beim *Tagebuch eines Schriftstellers* ziehen viele Leser die eingestreuten, fiktionalen Prosastücke – wie *Bobok, Traum eines lächerlichen Men-*

schen oder *Die Sanfte* – den gleichfalls darin enthaltenen nationalistischen Proklamationen oder schwerfälligen historischen Analysen vor, da sie ungleich bewegender sind. Der Romancier Dostojewski lässt jeden Versuch zur endgültigen Ideologisierung seiner Botschaft scheitern. *Böse Geister* wäre kein Hauptwerk der Weltliteratur, wenn es sich auf eine Attacke gegen die Liberalen beschränkte. Die von Dostojewski beschriebene menschliche Wirklichkeit geht über Zugehörigkeiten zu politischen Lagern hinaus. In einer der geheimnisvollsten Figuren des Romans, dem Anführer der Revolutionäre Pjotr Stepanowitsch Werchowenski, kann man einen »Nihilisten« oder »Sozialisten« erkennen. Doch der Leser nimmt vor allem einen kleinen Kerl wahr, säuberlich, korrekt und penibel, mal förmlich steif, mal ungeniert, einen machtgierigen Menschen, der besser als jeder andere die kleinen Gesten der Dominanz und der Demütigung beherrscht. Pjotr Stepanowitsch treibt sein Talent als Schauspieler so weit, dass er seine eigene Person spielt und für einen gewöhnlichen Typen gehalten wird. Er schmeichelt, lügt, manipuliert, verhöhnt, kontrolliert, spioniert, kommandiert, übt brutale Gewalt aus. Hätte Dostojewski ihn heute in Szene gesetzt, hätte er aus ihm vielleicht einen zum nationalen Führer gewordenen ehemaligen Spion gemacht.

Dostojewskis Roman ist letztlich seinem Wesen nach polyphon.[12] Meinungen kommen zum Zuge, die von denen, die man dem Autor zutraut, denkbar weit entfernt sind. Staatsfeinde, Nihilisten, Kinderschänder, alte Schwätzer, universalistische Idioten kommen ebenso oft zu Wort wie alle anderen. Manchmal reißt es Dostojewski selbst mit, und in diesen Passagen beeindruckt er am meisten. In einem während der Arbeit an den *Brüdern Karamasow* verfassten Brief beteuert der Romancier, er habe in der Parabel vom Großinquisitor »die Blasphemie [kritisieren wollen und sie so dargestellt], wie ich selbst sie empfand und verstand – als stark«.[13] Auch soll der Autor angedeutet haben, dass der positive Held des Romans, der junge Christ Aljoscha, in einer geplanten Fortsetzung zum Königsmörder würde. Das alles zeigt: Dostojewski hat ein zu gewaltiges Œuvre hinterlassen, als dass man ihn durch einen ideologischen Diskurs vereinnahmen könnte, und erst recht nicht durch einen Nationalismus mit wissenschaftlichem Anstrich.

Noch ein weiterer großer russischer Denker ist Gegenstand eines Missverständnisses. Am 12. Dezember 2013 zitiert Putin in seiner Botschaft an die Föderale Versammlung Nikolai Berdjajew (1874–1948), und zwar an der Stelle, an der er hinsichtlich der »Werte der traditionellen Familie, des authentischen menschlichen Lebens, einschließlich des religiösen, eines nicht allein materiellen, sondern auch spirituellen Lebens, der Werte des Humanismus und der Vielfalt in der Welt« die Karten auf den Tisch legt. »Natürlich ist das ein konservativer Standpunkt. Doch, um mit den Worten Nikolai Berdjajews zu sprechen, der Sinn des Konservatismus liegt nicht in der Verhinderung einer Vorwärts- oder Aufwärtsbewegung, sondern in der Verhinderung einer Bewegung zurück oder abwärts, hin zur Finsternis des Chaos, der Verhinderung eines Rückfalls in den Anfangszustand.«[14] Es handelt sich hierbei um ein Zitat aus der *Philosophie der Ungleichheit*, einem 1918 als

Reaktion auf die Oktoberrevolution verfassten Werk. Der fünfte der »Briefe«, aus dem das Buch aufgebaut ist, trägt den Titel »Über den Konservatismus« und stellt eine Eloge auf diese Idee dar. Boris Meschujew, einer der Ideologen der konservativen Wende, deutet an, dass sich »jemand in der Regierung diesem Werk sehr nahe fühlt«.[15]

Berdjajew ist ein Vertreter der »religiösen Renaissance« der russischen Philosophie, die am Ende des 19. Jahrhunderts stattfand. Unter Berufung auf Wladimir Solowjow entwickelt er gemeinsam mit den Priestern Sergej Bulgakow und Pawel Florenski sowie Simon Frank, Leo Schestow und anderen eine eigenständige religiöse Philosophie, an der nichts Nationalistisches oder Imperialistisches ist. Wie viele große Persönlichkeiten seiner Generation ist er Revolutionär und steht dem Marxismus nahe, bevor er sich vom Materialismus entfernt und Metaphysik mit einem existenziellen Ansatz vermischt. In der Emigration, erst in Deutschland, dann in Frankreich, nimmt er aktiv am intellektuellen Leben der Zwischenkriegszeit teil und erlangt Berühmtheit in weiten Teilen Europas. In der UdSSR war er niemals wirklich vergessen und wurde seit der Perestroika zu einem der populärsten »Vordenker«. Mittlerweile ist er ein Aushängeschild des Putinismus. Schon kurz nach der Rede im Dezember werden, wie anfangs erwähnt, für die Kreml-Mitarbeiter und die Mitglieder der regierenden Partei Einiges Russland Konferenzen zum Konservatismus organisiert. Ein Mitglied der Präsidialverwaltung berichtet: »Das Kapitel ›Über den Konservatismus‹ muss von den Funktionären gelesen werden, weil genau das die von Wladimir Putin zitierten Passagen sind. Um die Absichten des Präsidenten zu verstehen, ist es unerlässlich, die ursprüngliche Quelle kennenzulernen.«[16] Diese Art konservative Universität für die politische Elite erfährt im Mai 2014 ihren Höhepunkt. In der Region Moskau werden zum ersten Mal »Berdjajew-Tage« veranstaltet. Der Organisator, das Institut für sozioökonomische und politische Studien, steht dem Kreml nah. Das Ziel ist so scharf formuliert wie ein Präsidentenerlass: Es gilt zu zeigen, dass der Konservatismus alle Qualitäten aufweist, um der russischen Politik Orientierung zu geben, und dass große Namen wie Berdjajew hinter ihm stehen.

Das Problem ist, dass Berdjajew nichts zu tun hat mit Iljin, Leontjew, Danilewski oder Gumiljow. Der Philosoph, Gegner jeder szientistischen Reduktion der Menschheitsgeschichte, ist kein Konservativer. Die *Philosophie der Ungleichheit* ist ein Text, der nach dem Schock der bolschewistischen Oktoberrevolution geschrieben wurde; Berdjajew verdammt sie mit derselben Vehemenz, mit der er die Februarrevolution unterstützt hatte. Einige Tage nach der Oktoberrevolution schreibt er einen Text mit dem Titel »In Russland hat es keine Revolution gegeben«. In ihm beklagt er den Ausbruch von Grausamkeit, die von keinerlei Erneuerung begleitet wird: »In der Seele der Menschen und der Seele des Volkes, an den Quellen der schöpferischen Energie hat sich nichts geändert, ist nichts Neues hervorgebracht worden. Es sind noch immer dieselben alten Instinkte, dieselben alten Gefühle. Kein neuer Mensch wurde geboren. Keine neue Seele ist im revolutionären Element aufgetaucht.«[17] Berdjajew ist unverhohlen gegen die neuen Machthaber, bei denen er die Neigung wittert, eine neue

Diktatur einsetzen zu wollen. Vor allem zeige dieses Ereignis die Gefahren der Ideologie im sozialen und politischen Leben: »Die Moral, die uns die russische ›Revolution‹ lehrt, ist recht einfach und elementar, obgleich bitter für uns. Wir kommen nicht umhin, uns von einigen russischen Illusionen zu trennen – Slawophilie, Populismus, Tolstoiismus, erhabener Anarchismus, revolutionärer Messianismus usw. Wir kommen nicht umhin, uns reuig zu zeigen und uns zu versöhnen, wie eine Opfergabe die elementare Wahrheit des Westlertums zu akzeptieren, die Wahrheit der Kultur, die harte Wahrheit des Gesetzes und der Norm. […] Wenn sich die Russen aus ihrer derzeitigen Hypnose befreien und geistig wieder zu sich kommen, werden sie begreifen, dass jeder menschliche Kampf in der Welt ein geistiger Kampf, eine Auseinandersetzung von Ideen ist.«[18] Der Philosoph ist also ein klarer Gegner des Bolschewismus. Darüber hinaus übt er seit Jahren Kritik an einer russischen atheistischen *Intelligenzija*, die Verachtung für die großen philosophischen Fragestellungen hegt und stattdessen dem revolutionären Aktivismus huldigt. In seinem Beitrag zu der 1909 erschienenen Artikelsammlung *Wechi (Wegzeichen)* beklagt Berdjajew die Krankheit der russischen intellektuellen Elite: »Die Liebe zur gleichmachenden Gerechtigkeit, zum Wohl der Gesellschaft und zum Wohl des Volkes hat die Liebe zur Wahrheit paralysiert und das Interesse an der Wahrheit fast vernichtet.«[19] Berdjajew hat nichts gegen soziale Ideale, doch wünscht er, das sie keine tiefschürfende philosophische Befragung über den »Sinn des Schaffens« oder das »Schicksal des Menschen« (so lauten Titel seiner Werke) verwehren, dass sie nicht jene ontologische Freiheit unterbinden, die er im Herzen unserer Existenz ansiedelt. Er will die soziale Frage nicht von sich weisen, sondern das Soziale wieder auf das Metaphysische gründen.

Wenn er mit der *Philosophie der Ungleichheit* den Konservatismus gegen das revolutionäre Chaos verteidigt, dann in einem rein philosophischen Sinn. Gleich zu Beginn des besagten Kapitels stellt er klar: »Ich möchte nun vom Konservatismus sprechen, weder als politischer Richtung noch als politischer Partei, sondern als einem ewigen, religiösen und ontologischen Prinzip einer jeden menschlichen Gesellschaft.«[20] Er beharrt auf der Tatsache, dass »die Natur des Konservatismus nicht nur von seinen Gegnern, sondern auch von manchen seiner Anhänger falsch verstanden« werde, insofern sie in ihm ein politisches Programm zur Erlangung von Macht und nicht die Treue zur Vergangenheit sähen.[21] Für Berdjajew geht es in der Tat darum, ein Loblied zu singen auf das Gewebe der Zeit gegen die gewaltsamen, künstlichen Brüche, auf die Verwurzelung in der Geschichte und die Liebe zur Kultur gegen die Utopie des Tabula rasa und des neuen Menschen. Kein Nationalismus, keinerlei Theorie der Überlegenheit des russischen Menschen, kein Proklamieren »traditioneller Werte« gegen vermeintliche Abweichler – nur der Appell, nicht in totalitärer Absicht das Erbe einer Kultur zu zerschlagen. Viele »Liberale« von heute würden sich unschwer in diesem Programm wiedererkennen.

Mehr noch kreist Berdjajews Philosophie um eine zentrale Idee – die der irreduziblen Freiheit, die tiefer und ontologischer angelegt ist als die des freien Willens. Wie er es in *Die Weltanschauung Dostojewskis* formuliert: »Die

Wahrheit über die Freiheit ist unaussprechlich.«[22] Sie ist ein Lebensprinzip, eine Art Gnade, kein rationaler Diskurs. Folglich weist er aus Prinzip jeglichen Versuch zurück, Zwang auf die Meinungen und Handlungen der Menschen auszuüben, Versuche, die ihm zufolge dem Geist von Dostojewskis Großinquisitor unterstehen, das heißt der Ideologie oder der freiwilligen Knechtschaft. Aus diesem Grund stellt er sich oft gegen die offizielle Kirche als Trägerin eines konformistischen Geistes, der der wesenhaften Freiheit des Gläubigen widerspricht. Es ist kein Zufall, wenn Gegner der aktuell in Russland vorherrschenden Allianz zwischen Kirche und Staat ihrerseits ebenfalls Berdjajew zitieren. So etwa die Mitglieder der Künstlergruppe Pussy Riot, die am 21. Februar 2012 in der Moskauer Christ-Erlöser-Kathedrale ein »Punk-Gebet« intonieren. »Maria, Mutter Gottes, ist mit uns bei den Protesten!«, wettern die jungen, vermummten Frauen, bevor sie festgenommen werden. Eine der Bandleaderinnen, Nadeschda Tolokonnikowa, korrespondiert, während sie nach ihrer Verurteilung im August 2012 für »Rowdytum aus religiösem Hass« ihre Strafe in einer Strafkolonie in Mordwinien verbüßt, mit dem neokommunistischen Philosophen Slavoj Žižek. In ihren Brief vom 23. Februar 2013 webt sie eine lange Anmerkung zu einem Philosophen ein, der für Žižek keine allzu übliche Referenz darstellt: »In seinem *Versuch einer philosophischen Autobiographie* schrieb Nikolai Berdjajew: ›Die Wahrheit als ein mir aufgezwungenes Ding, als eine von oben auf mich herabfallende Realität, existiert nicht. Die Wahrheit ist auch der Weg und das Leben. Die Wahrheit ist eine seelische Errungenschaft. Die Wahrheit gelangt zur Erkenntnis in der Freiheit und durch die Freiheit …‹ Und weiter: ›Das Christentum selbst halte ich für einen Aufstand gegen die Welt und ihre Gesetze.‹ Oder auch: ›Manchmal überkam mich der grauenhafte Gedanke: Was ist, wenn die Wahrheit der Sklave der Orthodoxie wäre? Denn dann wäre ich verloren. Doch ich verwarf schnell diesen Gedanken.‹ Schon hier«, fährt sie fort, »ist es unmöglich zu unterscheiden, wo Pussy Riot und wo der russische Philosoph spricht. Im Jahre 1898 wurde Berdjajew wegen seiner Beteiligung an der studentischen sozialdemokratischen Bewegung verhaftet und beschuldigt, die Absicht zu haben, ›die Fundamente der Monarchie und der Kirche zu unterminieren‹. Er wurde für drei Jahre aus Kiew in das Gouvernement Wologda verbannt. Also, wenn Sie schon mal vom ›Weltgeist‹ berührt werden, erwarten Sie nicht, dass es für Sie schmerzlos bleibt …«[23] Vielleicht wollten Pussy Riot mit ihrem Gebet gegen die »servile Orthodoxie« des Prälaten einer Aufforderung Berdjajews aus einer anderen Passage seiner Philosophie der Ungleichheit die Treue halten, in der an »die Energie« im »religiösen Schaffen« appelliert wird.[24] Im heutigen Russland ist Berdjajew zu einer wichtigen Referenz für jene geworden, die Wladimir Putins Politik infrage stellen. Hätte Putin das gewusst, wäre er vielleicht bei seinem Übernahmeangebot für das Gedankengut des Philosophen vorsichtiger gewesen.

8. KAPITEL

WELCHE ART IMPERIUM?

2007 leugnet der Präsident jede Berufung oder imperiale Mission Russlands. Obwohl er sich der »Idee des Panslawismus« annimmt, der ideologischen Fundamente des zaristischen Russlands (»Autokratie, national-völkisches Prinzip und Orthodoxie«, in der von Putin zitierten Reihenfolge) und der des sowjetischen Imperiums, behauptet er: »Das heutige Russland hat nicht vor, das zu wiederholen, was zur Zarenzeit gemacht wurde, und noch viel weniger das, was es zur Sowjetzeit gegeben hat.«[1] Er möchte sehr klar verstanden werden: »Mir wäre es sehr recht, wenn sich in Zukunft keine missionarische Idee der Bevölkerung oder gar der vom Land eingeschlagenen Richtung bemächtigen würde.«[2] Ein Jahr später fällt sein Nachfolger Dmitri Medwedew in Georgien ein und stellt zwei Territorien, die sich von Georgien abgespalten haben, Südossetien und Abchasien, unter den Schutz Russlands. Es handelt sich dabei um Territorien, deren Staatlichkeit einzig von Russland, Venezuela, Nicaragua und (im Austausch gegen eine russische Finanzhilfe in Höhe von fünfzig Millionen Dollar) der ozeanischen Republik Nauru anerkannt wird.[3] Seit der Annexion der Krim im

März 2014 und dem Krieg in der Ostukraine unter Beteiligung russischer Truppen wächst die Spannung zwischen Russland und seinen Nachbarn, die mehr und mehr befürchten, dass es zu destabilisierenden Aktionen oder gar einer militärischen Invasion kommt. Der ukrainische Präsident Poroschenko beteuert, Putin habe ihm im September 2014 erklärt: »Wenn ich wollte, könnten russische Truppen in zwei Tagen nicht nur in Kiew, sondern auch in Riga, Vilnius, Tallinn, Warschau und Bukarest sein«,[4] in Mitgliedsstaaten der Europäischen Union und der NATO also. Einige Tage zuvor hatte der amerikanische Präsident Barack Obama versucht, die osteuropäischen NATO-Mitgliedsstaaten zu beruhigen, und unmissverständlich bekräftigt: »Die Verteidigung von Tallinn, Riga und Vilnius ist ebenso wichtig wie die Verteidigung von Berlin, Paris und London.« Und er fügte hinzu: »Sie haben einmal Ihre Unabhängigkeit verloren; mit der NATO werden Sie sie nie wieder verlieren!«[5] In diesem Spiel ist vieles Bluff und bloßes Säbelrasseln. Allerdings hat sich die Atmosphäre deutlich gewandelt, und das aus einem einzigen Grund. Während der Volkserhebung auf dem Kiewer Maidan im Herbst und Winter 2013/2014 wiesen viele Ukrainer auf die imperialistische Gefahr aus Russland hin. Niemand oder fast niemand im Westen nahm sie ernst. Wer hätte sich damals die russische Reaktion auf den Sieg der proeuropäischen Kräfte – die Einnahme der Krim im Eiltempo und die Organisation eines Bürgerkriegs im Donbass und in anderen Territorien der Ost- und Südukraine – vorstellen können? Wenn der schlimmste Fall – dieser Krieg mitten in Europa, der Spannungen zwischen Russland und dem Westen provoziert, die man seit dem Ende des Kalten Krieges für immer begraben glaubte – schon eingetreten ist, kann er sich nach allen Regeln der Logik auch wiederholen und sogar ausweiten. Die Einnahme von Territorien durch die russische Armee in einem geheimen, hybriden oder einem offen geführten Krieg liegt nicht mehr im Bereich des Undenkbaren.

Die philosophischen Quellen des Putinismus, so verschiedenartig sie auch sein mögen, beruhen alle auf zwei Grundtendenzen: der Idee des Imperiums und der Apologie des Krieges. Das ist der gemeinsame Kern der sowjetischen Ideologie, des »weißen« Imperialismus von Iljin, des Konservatismus von Leontjew (in manchen seiner Werke), des Panslawismus von Danilewski, des Eurasismus, gleich, ob es der seiner Gründer oder der heutige von Dugin ist. Es genügt, hierzu einen seit 25 Jahren sehr einflussreichen Ideologen der extremen Rechten zu hören. Alexander Prochanow, geboren 1938, gründete zwei Zeitschriften der extremen Rechten, erst *Den* (»Der Tag«), dann, nach ihrem Verbot, *Sawtra* (»Der Morgen«). Prochanow ist vielleicht zu sehr Extremist, um Umgang mit Putin zu haben, doch als Chronist erfährt er große Aufmerksamkeit. Wenn er sich auch nicht als »Lehrmeister Putins« ansieht, so denkt er doch, wie er in einem Interview für dieses Buch versichert, dass seine Ideen »beginnen, Wirkung zu zeigen«,[6] insbesondere unter den Beratern des Präsidenten. Die aktuellen Ereignisse scheinen seinen Analysen und Prophezeiungen tatsächlich recht zu geben, was seine Medienpräsenz noch verstärkt. In seiner Theorie, die in ihrem Bezug auf die slawophile Tradition weder auf die Details der Texte noch auf die Feinheiten der philosophischen Lehren eingeht, unterbreitet er eine sehr vulgarisierte Version von ihr, die sich in drei Worten zusammenfassen lässt: Messianismus, Imperialismus, Bellizismus. Ihm zufolge zeigte sich der Russische Weg im Keim bereits im 15. Jahrhundert – »mit der Theorie von ›Moskau als drittes Rom‹, laut der die Metropole dazu bestimmt ist, nach dem Fall von Konstantinopel dessen Platz an der Spitze der Christenheit einzunehmen. Im 19. Jahrhundert gewann er an Deutlichkeit, und nach dem Untergang des Russischen Reiches verwandelte er sich weiter.«[7] Vier Imperien seien aufeinandergefolgt: Die Rus von Kiew und Nowgorod, das Moskowiterreich, das Reich der Romanows, das sowjetische Imperium. »Heute kommt ein fünftes Imperium zum Vorschein«, behauptet Prochanow.[8] Seine Errichtung beruhe auf drei Axiomen. Laut dem ersten ist Russland »von Natur aus ein Imperium, dessen Grenzen atmen«, was die Annexionen rechtfertigt. »Wenn Putin auch bisher den Begriff ›Imperium‹ nicht ausgesprochen hat, so ist er doch dabei, selbiges in die Tat umzusetzen. Das hat mit dem Krieg von 2008 gegen Georgien begonnen. Die Ereignisse in der Ukraine und auf der Krim sind die Fortsetzung davon.«[9] Laut dem zweiten Axiom hat Russland »immer der Idee einer göttlichen Gerechtigkeit gehorcht«. »Es gibt einen russischen Messianismus und damit einen nicht nur strategischen, sondern auch spirituellen Gegensatz zwischen dem Osten und dem Westen«, behauptet Prochanow.[10] Das dritte Axiom lautet schließlich: »Die von Putin hochgehaltenen konservativen Werte bezüglich Individuum, Familie und dem Verhältnis zur Natur stehen dem westlichen Modernismus frontal entgegen. Russland ist theozentrisch, während der Westen anthropozentrisch ist.«[11] Kurzum, »Putin restauriert den nach dem Untergang der UdSSR verschwundenen russischen Staat, indem er ihm seine ursprüngliche imperiale Form zurückgibt.«[12] Was in der Ukraine passiert, sei vollkommen logisch, und die russische Reaktion sei legitim: »Russland hilft den Russen und den russischsprachigen Bewohnern der Ukraine, so wie der Westen den Revolutionären des Maidan geholfen hat: mit Geld und einem ganzen Arsenal sonstiger Mittel. Wir imitieren den Westen.«[13] Und in Zukunft? »Die Konfrontation mit dem Westen wird sich fortsetzen und verschlimmern. Russland wird sich mehr und mehr China und Indien zuwenden, um eine antiwestliche Front aufzubauen. Es bilden sich gerade zwei feindliche Lager – wir steuern auf einen neuen Weltkrieg zu. Gott wird über seinen Ausgang entscheiden«,[14] so Prochanows Prognose.

Zu fragen wäre noch nach der Form, die dieses neue Imperium annehmen würde. Auch hier hilft das Studium der philosophischen Quellen dabei, die verschiedenen Szenarien auseinanderzuhalten. Das erste Modell, das einem in den Sinn kommt, ist das der Sowjetunion; Putin kannte sie, liebte sie und diente ihr vierzig Jahre seines Lebens. Gewiss trauert er wie ein Großteil seiner Mitbürger dieser Epoche nach, in der man sich ohne Schwierigkeiten zwischen Moskau, Tallinn, Lemberg, Tiflis oder Taschkent hin und her bewegte, in denselben Zügen und denselben Flugzeugen, ohne Grenzen, die zu überqueren wären, mit demselben Geld, derselben Verständigungssprache, denselben Autos, in einem Land, in dem alle dieselben Filme schauten, dieselben Rituale, dieselben kulturellen Bezüge hatten, manchmal sogar dasselbe Ideal … Trotz der ideologischen Unterdrückung,[15] der doppelten Sprache, der Zensur, den großen Reisebeschränkungen, dem Fehlen von Freiheit, den Repressionen, den Lagern und den psychiatrischen Kliniken für die Dissidenten wurde das sowjetische Leben von einem Teil der Bevölkerung idealisiert.[16] Da zur sowjetischen Vergangenheit keine Erinnerungsarbeit geleistet wurde, da zudem die eingesperrten Dissidenten 1985 überstürzt freigelassen wurden und danach praktisch von der politischen Bühne verschwanden, haben die sozioökonomischen Schwierigkeiten der 1990er Jahre und die unter Putin halbamtlich betriebene Restauration der UdSSR eine Nostalgie erzeugt. Neben den Bequemlichkeiten eines Lebens in einer abgeschlossenen Welt wird auch der weit überschätzten und bis zum Überdruss gefeierten Macht der Sowjetunion nachgetrauert. Der Verlust Osteuropas, die klägliche Rückkehr des russischen Militärs in baufällige Kasernen, der Zusammenbruch der staatlichen Behörden, die permanente Krise und die Unruhen waren Demütigungen für Bürger, die entsprechend einem kollektiven Selbstbild erzogen wurden, das sich nahe am Größenwahn bewegte.

Die Bildung einer Eurasischen Union vermittelt allerdings tatsächlich den Eindruck einer Rückkehr zum sowjetischen Imperium, vor allem wenn der Rubel dort zur gemeinsamen Währung wird. Doch selbst in den optimistischsten Szenarien ist es sehr zweifelhaft, dass die baltischen Staaten, Georgien, manche Länder Zentralasiens, ganz zu schweigen vom wichtigsten »Puzzleteil«, der Ukraine, an diesem Revival teilnehmen. Die Metro-stationen Kiewskaja und Rigaer Bahnhof oder das Res-taurant Usbekistan in Moskau werden auf lange Zeit hin Signifikanten bleiben, deren Signifikate in weite Ferne ge-rückt sind. Tatsächlich bestand der Mörtel für dieses multi-ethnische und multikonfessionelle Imperium Sowjetunion aus einer modernistischen und einigenden Ideologie: dem marxistisch-leninistischen Kommunismus. Von Riga bis Aschchabad, von Jerewan bis Kischinau arbeitete man an der Geburt einer klassenlosen, von religiöser Entfremdung befreiten Gesellschaft, die in der Hingabe an eine gemein-same Geschichte, die der Revolution und ihrer Helden, ge-eint war. Ohne eine solche einigende Ideologie ist die Wie-dergeburt eines roten Imperiums nicht denkbar. Und es ist zu bezweifeln, ob der Eurasismus als plurale, komplexe, weniger motivierende Doktrin es schafft, diesen Platz ein-zunehmen. Auch wenn die kommunistische Idee für viele junge Leute im einstigen Sowjetimperium verführerisch ist, steht eine Rückkehr des traditionellen Kommunismus an die Macht gewiss nicht unmittelbar bevor. Wo einst mit aller Kraft die modernisierende, sozialistische Emanzipa-tion vorangetrieben wurde, wird heute ein identitäres Den-ken gefördert. Wir sind in ein neues globales Paradigma umgeschwenkt. In Russland werden nur jene Elemente bewahrt, die mit der neuen identitären Ideologie kom-patibel sind: Stalin, der als Sinnbild des Patriotismus an-gesehen und dem internationalistischen Marxisten Lenin vorgezogen wird; der Sieg im Zweiten Weltkrieg; die Ver-herrlichung der nationalen Größe; Patriotismus, Herois-mus, Opfergeist; der kulturelle Akademismus; der sittliche

Konservatismus. Jedoch weder der dialektische noch der historische Materialismus.

Was wären dann die Leitprinzipien eines neuen Imperiums? Nikolai Danilewski wirbt für den Panslawismus. Wenn auch die Erinnerung an panslawistische Regungen während der Jugoslawienkriege nicht völlig ausgelöscht ist – vor allem nicht für Putin, der dem Westen den Krieg im Kosovo 1999 nicht verzeihen kann –, ist es schwer vorstellbar, dass sich die Tschechen oder die Polen aus freien Stücken an einem von Russland gesteuerten Imperium beteiligen. Ein traditionelles Bindeglied für die russische panslawistische Politik, die Putin heute zu reaktivieren scheint, ist Bulgarien. Das lange Zeit vom großen russischen Bruder »beschützte« Land, Mitglied der NATO seit 2004 und der Europäischen Union seit 2007, steht seit der Ukrainekrise stark unter Druck. Von Russland im Energiesektor abhängig, ist es zwischen die Fronten geraten. Bulgariens Absicht, seine sowjetischen Militärflugzeuge loszuwerden, provozierte kürzlich harsche Wortwechsel zwischen beiden Ländern. Sollte es zu einer Renaissance des Panslawismus kommen, könnte sie mit einer Destabilisierung Bulgariens beginnen. Die Bevölkerung ist dort nämlich seit jeher in Proeuropäer und Prorussen gespalten.

Wenn der Panslawismus keine sehr realistische Option darstellt, warum dann nicht das Imperium dem Hoheitszeichen des orthodoxen Glaubens unterstellen? Das würde erlauben, von vornherein das katholische Polen und weitere nicht mehrheitlich orthodoxe Völker (Tschechen, Balten, Slowaken) von der Liste zu streichen, sich auf die kulturell näherstehenden Völker wie die Serben, die Bulgaren, die Weißrussen, die Ukrainer zu konzentrieren, die Georgier zu verführen – und auch bei Griechen und Rumänen Sympathien zu wecken. »Die Orthodoxie vereint mitunter Personen sehr unterschiedlicher Nationalität«, meint Putin, und fährt fort: »Die Bedeutung der Kirche geht über den Rahmen hinaus, den die Grenzen der heutigen Russischen Föderation abstecken.« Insbesondere eint sie »die Völker der Ukraine, Russlands und Weißrusslands in gemeinsamen historischen, moralischen und spirituellen Wurzeln«.[17] Der große Vorteil eines orthodoxen Imperiums bestünde darin, über eine mächtige Ideologie zu verfügen. Seit Putin 2000 an die Macht kam, hat er in Zusammenarbeit mit dem Patriarchat von Moskau das orthodoxe Christentum, das historisch dem Nationalismus feindlich gesinnt ist, in großem Umfang instrumentalisiert. Er hat aus ihm seinen verlängerten ideologischen Arm gemacht. Die Zurschaustellungen von Reliquien lassen die Menschenmassen zusammenströmen. Der religiöse Konformismus ist mächtig. Sich einen Freidenker zu nennen, kommt heutzutage in Russland mitunter nicht gut an. Jede künstlerische Veranstaltung, die als Verstoß gegen die Religion wahrgenommen werden kann, wird streng bestraft. Die vom Patriarchat von Moskau abhängige Russisch-Orthodoxe Kirche ist heute aktiv legitimistisch und konservativ, und sie ist sehr präsent in den Medien, um Botschaften mit oft reaktionärem Inhalt unters Volk zu bringen.

Der medienwirksamste Vertreter des Patriarchats, Vater Wsewolod Tschaplin, erklärte sich zu einem Interview bereit. Er hat in der Synode den Vorsitz über die Abteilung für die Beziehungen zwischen Kirche und Gesellschaft

inne und ist bekannt für seine aufsehenerregenden Äußerungen. Er rief zur Gründung »orthodoxer Milizen« auf,[18]
kritisierte die »Russophobie« der Intellektuellen.[19] Er er-
suchte die »russische Frau«, sich korrekt zu kleiden, verbunden mit der Erklärung: »Wenn sie einen Minirock
trägt, provoziert sie damit möglicherweise nicht nur einen
Kaukasier, sondern auch einen Russen. Wenn sie dabei be-
trunken ist, provoziert sie ihn umso mehr. Wenn sie dann
noch mehr als üblich versucht, Kontakt aufzunehmen,
und sich anschließend darüber wundert, dass dieser Kontakt in einer Vergewaltigung endet, ist sie doppelt im Un-
recht.«[20] Er zeigt sich außerdem sehr aktiv im Kampf gegen
die »Pädophilenlobby« und schlägt vor, Nabokovs *Lolita*
zu verbieten.[21] Er kämpft für ein »christliches Modell« als
Alternative zum säkularisierten und liberalen Abendland.
Der Westen lebe in »Pseudodemokratien«, in denen die
Medieneliten ihre Entscheidungen für eine ultraliberale
Ökonomie und gegen die Werte der Familie durchgesetzt
haben.

Im Interview erklärt er: »Nach den 1990er Jahren, in denen alles, was mit der Vergangenheit zu tun hatte, vor allem der sowjetische Kollektivismus, abgelehnt wurde, findet man nun zu orthodoxen Idealen zurück, wie etwa zur
spirituellen Gemeinschaft (*Sobornost*, ein zentrales Konzept des slawophilen Denkens), zum kollektiven Eigentum,
zur Ablehnung des Materialismus, zum religiösen Rechts-
verständnis.«[22] Unglücklicherweise sei das aber noch nicht
politisch etabliert, beklagt er. Doch offenbar arbeitet das
Patriarchat daran. Laut Tschaplin »kann Russland seinen
eigenen ökonomischen Weg entwickeln, verschieden von

dem, was der Westen seit zwei Jahrhunderten aufgebaut hat: eine Ökonomie, die vom Diktat der Finanzwirtschaft und der verzinslichen Darlehen befreit ist und stattdessen auf einer den christlichen Idealen entsprechenden Selbstversorgung basiert«.[23] Im Grunde genommen gehe es, auch einhergehend mit der Rehabilitierung der kommunistischen Ideale, um eine alle Bereiche umfassende Förderung einer »christlichen Zivilisation«, die viel umfassender ist als ein bloßes nationales Gebilde. Sie könne »überall leibhaftig werden«.[24]

Ist denn aber ein orthodoxes oder christliches Imperium überhaupt möglich? Schwerlich. Zunächst ist Russland ein multikonfessionelles Ganzes. Mit dem Traum von einem religiös begründeten Imperium würde Putin alle muslimischen Bevölkerungsteile des Landes gegen sich aufbringen – ganz zu schweigen von den Anhängern des Buddhismus und des Schamanismus. Er schlägt die religiöse Saite an, um sich die Unterstützung der orthodoxen Mehrheit im Land zu sichern und um bei Bedarf den Griechen oder den Serben zu schmeicheln. Was die Armenier anbelangt, so erkennen viele von ihnen Russland die traditionelle Beschützerrolle gegenüber den muslimischen, turksprachigen Nachbarländern zu. Dennoch, auch die Orthodoxie ist nur eine Karte unter anderen.

Könnte Wladimir Putin dann das Imperium aller in den ehemaligen Sowjetrepubliken verstreuten Russen errichten? Er hat die Rede von der »geopolitischen Katastrophe« des Zusammenbruchs der UdSSR immer mit dem humanitären Motiv der Separation zahlreicher russischer Populationen fern ihrer Heimat in mitunter feindseligen

Republiken gerechtfertigt. In seinen Ansprachen erinnert er regelmäßig daran, dass »uns die Lage unserer Lands-leute nicht gleichgültig ist«, sei es in der Ukraine, in Zen-tralasien oder »in den Baltenstaaten, in denen bis heute ein absolut unzivilisiertes Konzept von in ihren Rechten und ihrer Freiheit eingeschränkten ›Nichtbürgern‹ existiert«.[25] Und um die »Russen in der Ukraine« gegen die Attacken der »faschistischen Kiewer Junta« zu verteidigen, nehmen die russischen Streitkräfte insgeheim am Krieg in der Ost- und Südukraine teil.

Ein weiterer Stützpfeiler eines möglichen Imperiums sind die Russischsprachigen (die nicht alle ethnische Rus-sen sind). Wie noch zu sehen sein wird, rechtfertigen sie aus Putins Sicht eine Politik der Einflussnahme in zahl-reichen Ländern der Welt. Sie könnten ebenfalls ein Fak-tor für die imperiale Einheit werden. Bereits 2002 be-tont Putin: »Die überwältigende Mehrheit der Bürger der GUS[26] erachtet die russische Sprache praktisch als ihre zweite Muttersprache. Das heißt, wir haben keine Sprach-barriere.«[27] Und selbst wenn mehr als zwanzig Jahre nach dem Verschwinden der UdSSR die Verwendung des Russi-schen vor allem bei den Jüngeren rückläufig ist, bleibt die Sprache für den Präsidenten eine »Brücke« zwischen ver-schiedenen, »historisch miteinander verbundenen« Staa-ten wie zum Beispiel Russland und Turkmenistan.[28] Doch auch hier genügen ethnische oder sprachliche Argumente nicht, um ein einheitliches, kohärentes imperiales Prinzip zu definieren. Putins ehemaliger Wirtschaftsberater Andrej Illarionow unterstreicht: »Südossetien und Abchasien sind zum Beispiel keine russischen Territorien. Ebenso wenig

wie Georgien und Armenien, nach denen Russland ebenfalls die Hände ausstreckt, indem es an alle, die danach
fragen, Pässe der Russischen Föderation verteilt, um so
die Zahl der russischen Bürger in diesen Ländern zu erhö-
hen.«[29] Die ersten Schritte hin zu einem neuen Imperium,
die während des russisch-georgischen Krieges 2008 verwirklicht wurden, hatten nichts mit dem Russischen zu tun
(und nebenbei bemerkt auch nichts mit der Orthodoxie).
Laut Illarionow »haben die nationalen oder religiösen Fak-
toren in dieser imperialen Politik einen zweitrangigen Charakter«.[30]

Das ideologisch stichhaltigste Projekt scheint das der
Eurasischen Union zu sein, deren Aufbau im Gange ist
und die über eine solide philosophische Grundlage verfügt. Die Idee eines eurasischen Imperiums hat mehrere
Vorteile: Zum einen werden in einem solchen Imperium
verschiedene Völker, Sprachen und Religionen akzeptiert,
es ist seinem Wesen nach nicht nationalistisch. Zum anderen setzt es die »asiatische Wende« der russischen Politik in die Tat um, das heißt die Abkehr vom Westen und
den Willen, sich mit China zu verbünden. Letzter Trumpf:
Die Idee von Eurasien ist hinreichend diskutiert, dement-
sprechend unscharf, was zu allen notwendigen Anpassun-
gen ermächtigt, wie beispielsweise eines Tages Bulgarien
aufzunehmen oder sich wieder »gen Afghanistan« zu stre-
cken. Putin erwähnt »das riesige Territorium Eurasien
vom Baltikum und den Karpaten bis zum Pazifik«.[31] Eurasien ist eine formbare Idee, die es erlaubt, zwischen der
Geographie eines objektiven Raumes und verschiedenen
Theorien zu changieren. Kurzum, politisch betrachtet ist

es ein Ad-hoc-Konzept. Putin denkt bereits seit dem Beginn seiner Präsidentschaft an eine Eurasische Wirtschaftsunion sowie an eine »eurasische zivilisatorische Union«.[32] Er sieht in dieser Orientausrichtung keinen Widerspruch zur Bejahung der »christlichen Werte« und ist sogar der Ansicht, dass Russland die beiden Zivilisationen vereint. »Russland ist ein einzigartiges Land«, erklärt er, »denn ein Teil seines Territoriums befindet sich in Asien und ein bedeutender Teil in Europa. An den Grundfesten der russischen Kultur sind zunächst einmal christliche Werte zu finden. In diesem Sinn ist Russland ein europäisches Land. Doch bei uns im Land leben auch 15 Millionen Muslime, und ein großer Teil des Territoriums befindet sich in Asien. Wir haben also auch unsere Interessen in Asien.«[33] Putin sieht sein Land als Dreh- und Angelpunkt Eurasiens – im Westen Vorkämpfer eines christlichen Europa, das seine Wurzeln vergessen habe, im Osten Schwergewicht Asiens. Russland soll aus einem anderen Grund als nur seiner geographischen Lage der Führer Eurasiens sein. Als riesiges multiethnisches Land repräsentiert es per se ein Eurasien im Miniaturformat. So verkündet Putin: »Russland als eurasisches Land ist ein einzigartiges Beispiel für ein Land, in dem der Dialog der Kulturen und der Zivilisationen faktisch zu einer jahrhundertealten Tradition im staatlichen und gesellschaftlichen Leben geworden ist.«[34] Russland, lebendiges Symbol der Harmonie der Unterschiede, verdiene es daher, als Muster für die Bildung der künftigen Supermacht herangezogen zu werden. Dieses metaphysische Modell der Vielfalt in der Einheit, das in der russischen Philosophie am Ende des 19. Jahrhunderts eingehend erkundet wurde, steht in Putins Vorstellung deutlich der angelsächsisch geprägten kulturellen, sprachlichen und politischen Homogenität entgegen. In absehbarer Zeit soll Eurasien die Vereinigten Staaten als globale Führungsmacht ablösen.

Ein Element vergisst Putin dabei allerdings: China, das von Washington als der wahre politische Konkurrent angesehen wird. Der russische Präsident hofiert China. Schon 2000 betont er: »China ist für uns ein strategischer Partner im vollen Wortsinn.«[35] Während er sich offiziell noch in seiner proeuropäischen Phase befindet, präzisiert er seine Worte, als er sich an die Chinesen wendet: »Russland ist, wie wir wissen, ein europäischer und ein asiatischer Staat. Wir fühlen uns sowohl dem europäischen Pragmatismus als auch der östlichen Weisheit verpflichtet. Deshalb wird die Außenpolitik Russlands ausgewogen sein. [...] Russland wird sich immer auf seine beiden Pfeiler stützen, den europäischen und den asiatischen.«[36] Seit 2012 zeigt sich parallel zur zunehmenden Entfernung Putins von Europa seine prochinesische Haltung viel deutlicher. Zumal sich der chinesische Präsident Xi Jinping sehr um seinen russischen Amtskollegen bemüht: Es ist Putin, dem er im März 2013 seinen ersten Auslandsbesuch vorbehält. Indem die Protagonisten dieses Treffens die »besondere Bedeutung« der russisch-chinesischen Beziehungen und die »freundliche Atmosphäre« dieses »historischen Besuchs« nachdrücklich hervorheben, senden sie ein Zeichen an die internationale Gemeinschaft. China ist nicht nur der erste Handelspartner Russlands. Die beiden ständigen Mitglieder des UN-Sicherheitsrats teilen auch ihre Sicht auf die Welt: Bekräftigung des Prinzips der nationalen Souveränität (ob in Syrien, in Tibet, in Tschetschenien oder anderswo), Misstrauen gegenüber einem Europa in der Krise, Wille, der amerikanischen Vorherrschaft Kontra zu geben, kritische Haltung gegenüber demokratischen Werten. Russland will nach Inkrafttreten der westlichen Sanktionen 2014 die Wirtschaftsbeziehungen mit China weiter ausbauen und träumt von einem Gegenpol zum Westen. Die eurasische Doktrin könnte als ideologische Basis dienen. Doch es ist sehr zweifelhaft, ob China einwilligt, an eine von Russland gesteuerte Eurasische Union anzudocken oder auch nur an Russlands Seite ein eurasisches Imperium zu lenken. Putins Traum vom Osten läuft Gefahr, mit dem immer ungehemmteren Selbstbewusstsein der chinesischen Macht zu kollidieren.

Im Grunde praktiziert Putin einen Imperialismus nach eigener Vorstellung. Je nach Bedarf beschwört er die Nostalgie für die UdSSR oder das Russentum, die russische Sprache oder das eurasische Projekt ... Die einzige gemeinsame Basis aller imperialistischen Anwandlungen des Präsidenten ist die Marktwirtschaft. Dazu der Wirtschaftsexperte Andrej Illarionow: »Putin will weder ein rotes noch ein monarchisches und patriarchales noch ein eurasisches Imperium. Seine Vision ist es, ein effizientes, modernes und zeitgemäßes, auf die Marktwirtschaft gestütztes imperiales System aufzubauen«,[37] ähnlich der Vision des 2009 verstorbenen liberalen Politikers und Verkünders eines wirtschaftsliberalen Imperiums Jegor Gaidar. Der Politologe Alexander Morosow ist nicht weit davon entfernt, Andrej Illarionows Standpunkt zu teilen. Ihm zufolge strebt Putin danach, »eine mächtige Wirtschaftsunion auf die Beine zu stellen, die den Charakter einer Staatenkonföderation annehmen soll, mit dem Ziel, den großen Wirtschaftsmächten der Welt Konkurrenz zu machen. Die grundlegende Philosophie Putins bleibt ökonomischgemäßigt. Er will Ressourcen gewinnen, um mit neuen Kräften am weltweiten Kapitalismus zu partizipieren. Doch er bietet keine alternative Doktrin zum globalen Finanzkapitalismus an. Er will ihn weder zerstören noch etwas anderes vorschlagen.«[38] Mag es dem Patriarchen von Moskau gefallen oder nicht – was Putin im Eiltempo auf die Beine zu stellen versucht, ist demnach ein Imperium, das auf die Ausweitung des Rubels gegründet ist. Doch dieses Gebilde wird ganz klar von Moskau dominiert sein.

Nach Ansicht des Philosophiehistorikers Nikolai Plotnikow gibt es übrigens gar keine wirkliche Kehrtwende Richtung Asien. »Die Eurasische Union ist eine Replik auf die Europäische Union, nicht mehr. Nach dem vorherrschenden Gefühl ist Russland ein europäisches Land, dem es aber jederzeit möglich ist, das Fenster nach Europa zuzuschlagen und sich eine Zeitlang auf Asien zuzubewegen.«[39] Ihm zufolge wäre Putins Modell eher das Britische Empire vom Ende des 19., Anfang des 20. Jahrhunderts. Das sei im Übrigen, fährt er fort, das von Iljin und einem weiteren russischen Philosophen jener Zeit, Peter Struve, verteidigte Modell. »In einem sich ausweitenden Imperium muss die ökonomische Expansion mit einer starken Regierungsmacht einhergehen. Einerseits muss in diesem Modell die Macht durch das Recht organisiert sein. Andererseits ist sie offen expansionistisch.«[40] Kurzum, wenn es der Imperialismus Putins auch tatsächlich auf die Eroberung neuer Territorien abgesehen hat, so ist er doch nicht archaisierend, nostalgisch, utopisch; er integriert sich auf diskrete, doch vollumfängliche Weise in die Marktwirtschaft.

Dieser Imperialismus hat 2008 seinen Anfang genommen und sich 2014 gefestigt. Was werden die nächsten Schritte sein? Die Annexion der Krim und der Krieg in der Ukraine sind die logischen Folgen des Scheiterns eines Imperialismus des Überzeugens. Die Ukraine wird von Putins russischen Lieblingsphilosophen als eine entscheidende Herausforderung angesehen. Kiew ist für die Slawophilen die ureigene Quelle des orthodoxen Russlands. Danilewski betrachtet die Ukrainer als die ersten der »slawischen Brüder«. Iljin behauptet, dass die Europäer davon träumten, »Russland nach Asien zu verschieben« und ihm seine nahen europäischen Territorien, insbesondere die Ukraine, abzunehmen. Und er schließt kategorisch: »Die Ukraine wird sich zwischen Polen und Russland entscheiden müssen.«[41] Die Eurasier halten ihrerseits das Vorhaben, die Ukraine von Russland abzutrennen, für absurd.[42] All diese Argumente finden sich in den Äußerungen Putins wieder – eine manchmal etwas erdrückende Litanei von Liebeserklärungen. Denn dieser dicht bevölkerte, riesige, industrialisierte Nachbar mit seiner prosperierenden Landwirtschaft ist seit seiner Unabhängigkeit im Jahr 1991 und vor allem seit der Orangen Revolution 2004 für die russischen Machthaber ein Gegenstand ständiger Sorge. Nachdem es 2010 mit der Wahl von Wiktor Janukowitsch zum Präsidenten gelungen ist, das Land wieder in den Schoß Russlands zurückzuholen, gleitet es durch die Entscheidung für eine Partnerschaft mit der Europäischen Union prompt von Neuem nach Westen ab. Putins Diskurs ist folglich immerfort umschmeichelnd, aber drängend. »Unsere Wurzeln befinden sich in der Kiewer Rus. Unsere Brüderschaft ist keine Legende, sondern eine historische Tatsache«, erklärt er 2001.[43] Sein Vokabular hinsichtlich der Beziehungen zwischen Russland und der Ukraine wogt auf sehr bezeichnende Weise zwischen dem Pol der Nähe und dem der Einheit hin und her. Er erwähnt das »schlichte und natürliche Verlangen, Seite an Seite zu stehen, zusammen zu sein, Tuchfühlung zu haben«.[44] Doch plötzlich verschwimmen die Grenzen zwischen den beiden Staaten in Putins Geist, als könne er weder die reale postsowjetische Trennung noch die Fähigkeit der Ukrainer zur Loslösung von Moskau akzeptieren. Er wendet sich an die Leute, »deren Schaffen alle Grenzen auslöscht, weil der kulturelle Raum keine Grenzen kennt. Vor allem nicht zwischen Ländern wie Russland und der Ukraine«.[45] Im Grunde verweigert Putin rein politische Beziehungen, von unabhängigem Staat zu unabhängigem Staat, zwischen Russland und der Ukraine. Im gleichen Jahr drückt er es unmissverständlich aus: »Die Beziehungen zwischen Russland und der Ukraine sind einzigartig. Uns verbindet eine gemeinsame Geschichte. Eine große Anzahl von Bürgern der Ukraine knüpft ihr Schicksal weitgehend an dasjenige Russlands, und viele russische Bürger knüpfen ihr persönliches Schicksal und das ihrer Nächsten an das der Ukraine. Das hat sich so ergeben. Deshalb müssen wir unsere Beziehungen mit unkonventionellen Mitteln und auf unkonventionellen Wegen aufbauen.«[46] Aus diesem Grund ist in den Jahren 2013 und 2014 auch die Reaktion Russlands auf den Willen einer Mehrheit der Ukrainer, ihr Schicksal an die Europäische Union zu binden, unkonventionell – mit der Entsendung von »kleinen grünen Männchen« (sprich Soldaten ohne Hoheitszeichen) auf die Krim oder von geheimen Truppen ins Donbass und an die südukrainische Küste.

Die Orange Revolution von 2004, die den prowestlichen Kräften zum Triumph verhilft, wird von Putin als »ein Bestreben zur Isolation der Russischen Föderation« interpretiert, während diese doch »niemanden zu annektieren beabsichtigt«.[47] Nach seiner Rückkehr ins Präsidentenamt im Jahr 2012 lässt Putin nicht nach in seinen Bemühungen, die Ukraine in die Eurasische Union einzubetten. Er versucht, Wiktor Janukowitsch von der Bedeutung dieser Entscheidung für die ukrainische Wirtschaft zu überzeugen: »Es ist immer die Entscheidung eines jeden Staates, sich mit dieser oder jener Organisation zu verbünden oder nicht. Doch man muss das Maß der Zusammenarbeit in seiner ganzen Tiefe im Blick haben, so wie wir beide es kennen und wie Sie es gerade aufgezählt haben: Da ist die Kernenergie, die Energie im Allgemeinen, der Flugzeugbau, die Raumfahrt, der Schiffbau und vielleicht noch weitere Schlüsselindustrien«,[48] ganz zu schweigen vom Zugang zu einem riesigen Markt. Doch Ende 2012 sieht sich Putin gezwungen, den schleppenden Eifer der Ukraine zur Kenntnis zu nehmen: »Wir erwarten von ukrainischer Seite ein offizielles Dokument im Hinblick auf ihren Beitritt zur Zollunion. Bisher haben wir es nicht erhalten.«[49] Im März ist Putin noch immer mit der Unentschlossenheit Wiktor Janukowitschs konfrontiert und muss weiter für seine Sache werben: »Aus sozioökonomischer Perspektive gibt es heute, wie mir scheint, weder in der Ukraine noch in Russland ernstzunehmende Experten, die das [d. i. die gemeinsame Zollunion] nicht für einen Prozess halten, der für die Ukraine ausschließlich positiv ist.«[50] Im Sommer 2013, kurz vor dem Besuch des orthodoxen Patriarchen von Moskau in Kiew zur Feier des 1025. Jahrestags der sogenannten »Taufe der Rus« unter Fürst Wladimir im Jahr 988, beschwört Putin die Geschichte und die Religion: »Die Annahme des christlichen Glaubens hat über das Schicksal und die zivilisatorische Wahl Russlands entschieden.«[51] Zwei Tage später in Kiew erwähnt er »unsere spirituelle Einheit«.[52] Die Verbindung mit der Ukraine sei unzerstörbar, und ein ukrainischer Aufbruch in Richtung Europa würde Russland von einem Teil seiner selbst abschneiden. Da weder die pragmatischen Argumente noch die historischen Andeutungen erhört werden, wählt er als letzten Ausweg das Vokabular der Einheit: »Die Ukraine ist ohne jeden Zweifel ein unabhängiger Staat. [...] Doch wir werden nicht vergessen, dass die heutige Staatlichkeit Russlands ihre Wurzeln am Dnepr hat. Wir haben, wie wir sagen, unser gemeinsames Taufbecken im Dnepr. Die Kiewer Rus steht am Ursprung des künftigen riesigen russischen Staates. Wir haben eine gemeinsame Tradition, eine gemeinsame Mentalität, eine gemeinsame Geschichte, eine gemeinsame Kultur. Unsere Sprachen sind sehr ähnlich. In diesem Sinn, das möchte ich noch einmal wiederholen, sind wir ein Volk.«[53] Soll heißen: Jeder Versuch der Distanznahme würde von Putin als ein Verbrechen gegen

die russische Identität selbst interpretiert, als ein Ausein-
anderreißen des in seinem Innersten Zusammengehöri-
gen. Die Botschaft wird vernommen. Zwei Monate später,
am 21. November 2013, stoppt Präsident Janukowitsch die
Verhandlungen über die für die darauffolgende Woche geplante Unterzeichnung eines Assoziierungsabkommens mit
der Europäischen Union. Diese unerwartete Entscheidung
löst die Bewegung des Maidan aus, die in Gewalt gegen
die Demonstranten und Ende Februar 2014 in der Flucht
des ukrainischen Präsidenten nach Russland münden wird.
Putin kann nichts dagegen tun. Doch seine Reaktion, erst
auf der Krim und dann in der Ost- und Südukraine, lässt
die seit Jahren in ihm gereifte imperialistische Ideologie in
die Geschichtsbücher eingehen.

Putin gibt seiner Aktion in der Ukraine einen Namen:
Projekt *Noworossija* (»Neurussland«). Als im April die
Krimfrage geregelt ist, spricht er von »den legitimen Rechten und Interessen der russischen und russischsprachigen
Bürger im Südosten der Ukraine« und erinnert unter Verwendung der Terminologie aus der Zarenzeit daran, dass
es sich hierbei um Neurussland handle: Charkow, Donezk,
Nikolajew oder Odessa gehörten zur Zarenzeit nicht zur
Ukraine. »Es sind Territorien, die in den 1920er Jahren
von der sowjetischen Regierung an die Ukraine übertra-
gen wurden. Warum sie das taten, weiß Gott allein.« Man
sollte sie also zurückholen, legt Putin nahe.[54] Er nimmt
einen Begriff wieder auf, der in jener Zeit kreiert wurde,
als das russische Imperium den südlichen Teil der Ukraine
kolonisierte. Von der Mitte des 18. Jahrhunderts bis unge-
fähr in die 1830er Jahre wurden mehrere Städte gegründet

wie zum Beispiel Jekaterinoslaw (das heutige Dnepro-
petrowsk), Cherson, Mariupol oder Odessa. Neben den
Kämpfen im Donbassbecken zielt der Neurussland-Plan
darauf ab, Russland wieder mit Transnistrien zu verbinden, einer Region in Moldawien, die seit dem Ende der
UdSSR in der Hand prorussischer Kräfte ist; das würde
auch erlauben, im Vorbeigehen die Halbinsel Krim aus
der Isolation zu befreien. Dazu müsste man den gesamten Südteil der Ukraine besetzen, Mariupol von der einen,
Odessa von der anderen Seite her einnehmen. Die Theoretiker Neurusslands, nationalistische Ideologen, orthodoxe
Intellektuelle und Historiker, geben dem Begriff einen eigenen Sinn. Das Neue an einer russischen Region im Süden
und Westen der Ukraine bestünde in ihren Augen darin,
dass es ein wirklich demokratisches Land wäre, das sich
der Korruption, die das »alte Russland« zersetzt, entledigt
hätte, aber zugleich von den Ressourcen des großen Bru-
ders profitieren könnte. Sie träumen von einem Russland,
das sich ausgehend von den neuen Territorien im Westen regenerieren würde. Der Historiker Kirill Lipatov, der
mehrere Theoretiker Neurusslands kennt, zeigt sich bei
einer Zusammenkunft in Odessa sehr skeptisch. »In Regionen dieser Art, die von russischen Truppen beschützt
werden, aber weder einen offiziellen Status noch institu-
tionelle Stabilität haben, im benachbarten Transnistrien (in
Moldawien), in Südossetien und Abchasien (in Georgien),
übernimmt umgehend das kriminelle Milieu die Macht.«[55]
Seine Schlussfolgerung ist desillusioniert: »Wenn sich das
Projekt Neurussland verwirklicht, werden wir bald eine
neue kriminelle Zone haben, mit Waffenhandel, Drogen

etc. Es wird ein Krebsgeschwür auf dem Körper Europas sein: ein rechtloses, armes, isoliertes Land, dem von Russland kaum geholfen werden wird. Was kann man dagegen unternehmen? Niemand weiß es. Und wir rasen mit Volldampf auf diese Situation zu.«[56]

Wenn die Politik Wladimir Putins aus Prinzip unvorhersehbar ist, stellt sich die Frage, welches die nächsten Ziele seines Marktimperialismus sein könnten. Laut Alexander Morosow dürfte der Einsatz bewaffneter Streitkräfte die Ausnahme darstellen. Es gebe so viele andere Mittel und Wege, auf die Nachbarn Russlands Druck auszuüben. Insbesondere könne man, erklärt er, »stille *Anschlüsse*[57] durchführen, mit Referenden und freiwilligen Vereinigungen, wie es auf der Krim geschehen ist. […] Das kann in den prorussischen Territorien Moldawiens, Transnistrien und Gagausien, geschehen, beide liegen nicht weit von der ukrainischen Grenze entfernt. Oder auch in Weißrussland, im Norden Kasachstans, in Kirgisistan, in Armenien. Es ist nicht gesagt, dass Putin sein Programm dann auch verwirklichen kann, doch sicher ist, dass er genug hat von den langen Verhandlungen mit seinen Nachbarn aus der Gemeinschaft der Unabhängigen Staaten. Er hat entschieden, einen direkteren und brutaleren Weg einzuschlagen. Insbesondere wird er den anderen Regierungen vorschlagen, im Zusammenhang mit der globalen Krise auf ihre Währungen zu verzichten und den Rubel zu übernehmen. Das ist der Plan. Putin will bei der Bildung der Eurasischen Union eine beschleunigte Gangart einlegen.«[58] Auch wenn sie NATO-Mitglieder sind und Barack Obama sich erst kürzlich verpflichtet hat, sie zu verteidigen, darf man nicht vergessen, dass die baltischen Länder für Moskau Ziele erster Wahl sind. Die russischsprachigen Minderheiten in Lettland und Estland (die 2014 26 Prozent der Gesamtbevölkerung ausmachen) könnten zum Vorwand für eine Intervention werden. Im Kaukasus besteht trotz des Rücktritts des proamerikanischen Präsidenten Micheil Saakaschwili Ende 2013 nach wie vor die Versuchung, einen Korridor durch das georgische Territorium bis zum armenischen Verbündeten hindurchzuschlagen. Das Pulverfass der Kaukasusvölker droht von Neuem Feuer zu fangen. Sogar Putins Verbündete innerhalb der Eurasischen Union werden unruhig. Kasachstans ewigem Präsidenten Nursultan Nasarbajew dürften die merkwürdigen Andeutungen Putins nicht gefallen haben, als dieser seinem Amtskollegen dazu gratulierte, »einen Staat auf einem Territorium gegründet zu haben, wo es nie einen Staat gegeben hatte«.[59] Wenn Kasachstan ein so junger Staat ist – was passiert dann beim Tod seines mutmaßlichen Gründers? Solschenyzin legte in seinem Buch *Russlands Weg aus der Krise* nahe, dass die russischsprachigen Territorien im Norden des Landes als »Südsibirien« mit der Russischen Föderation vereinigt werden sollten.[60] Was die einst mit Gewalt für den Ostblock rekrutierten Länder wie Polen anbelangt – sie haben Angst. Und schließlich erkundet Putin auch noch eine ganz neue Grenze weiter im Norden, eine strategisch wichtig gewordene Region, die Arktis. Bei einer Diskussion mit Studenten der Nördlichen (Arktischen) Föderalen Universität in Archangelsk bestätigt er »das Interesse an der Region, das wächst und weiter wachsen wird«, denn die Arktis biete »großartige Perspektiven« hinsichtlich der Rohstoffe, die sie birgt, und der neuen Schifffahrtswege, die sich durch das Schmelzen des arktischen Eises eröffnen – nicht zu vergessen auch hinsichtlich der Verteidigung Russlands gegen die amerikanischen Atom-U-Boote. Im Oktober 2014 wird eine in der Laptewsee gelegene Insel, die von russischen Piloten entdeckt und auf den Namen Jaja getauft wurde, symbolisch »dem Territorium Russlands eingegliedert«. Wenn sie auch winzig ist, erlaubt sie doch, »die Grenzen von Russlands ausschließlicher Wirtschaftszone in der Arktis spürbar auszuweiten«, wie der staatliche Radiosender Golos Rossii (Stimme Russlands) erklärt.[61] Des Weiteren sollen bis 2017 zwei Brigaden à 3000 Mann im Hohen Norden stationiert werden (eine beginnt bereits, nahe der finnischen Grenze Stellung zu beziehen, die zweite soll im Autonomen Kreis der Jamal-Nenzen folgen), und militärische Anlagen sollen in etlichen Gebieten nördlich des Polarkreises installiert werden.[62] Der Kampf um den Hohen Norden hat gerade erst begonnen. Er verspricht, gnadenlos zu werden.

In Wahrheit weiß niemand, wie Putin sein Imperium entwickeln wird, und niemand weiß, wo, wann und wie er dabei vorgeht. Sicher ist nur, dass er nunmehr dank einiger russischer Philosophen über einen soliden ideologischen Unterbau verfügt, den er in Worten und Taten durchdekliniert. Je nach dem, was die Situation verlangt, wird er taktisch davon Gebrauch machen, sich einmal mehr auf diese, einmal mehr auf jene Idee stützen. Doch das Imperium und der Krieg werden gewiss weiter die Grundlagen seines Handelns bleiben.

Wie die jüngsten Ereignisse zeigen, geht der Krieg inzwischen über die Ukraine hinaus. Am 9. Mai 2015, als sich die patriotische Begeisterung im Zuge der Annexion der Krim bereits ein wenig abschwächte, organisierte der Kreml eine grandiose Zeremonie zur Feier des 70. Jahrestags des Sieges über Nazideutschland im »Großen Vaterländischen Krieg«. Bei dieser Gelegenheit wurden auf dem Roten Platz neue Waffen präsentiert.

Einige Monate später besetzt Wladimir Putin nach geheimen Vorbereitungen ein neues Kriegsterrain: Syrien. Er gibt nun vor, das wiederherrichten zu wollen, was er am 28. September 2015 auf der Bühne der UNO als eine Folge westlicher Fehler darstellt: die von den Amerikanern organisierten arabischen Revolutionen, den sogenannten »Arabischen Frühling«, ferner der überraschende Aufstieg des Islamischen Staates, den die Amerikaner ebenfalls ermutigt und mit Waffen versorgt hätten. Er setzt also seine Armee zur Unterstützung des Diktators Baschar al-Assad ein, auch auf die Gefahr hin, dass die Spannung in dieser explosiven Kriegsgegend zunehmend eskaliert. Zum ersten Mal seit dem Afghanistankrieg, entsendet Russland seine Streitkräfte in eine Region außerhalb der ehemaligen Sowjetunion. Während das Patriarchat von Moskau den »heiligen Kampf« verherrlicht und die traditionelle Rolle Russlands als »Beschützer der heiligen Stätten«[63], die ja ganz in der Nähe liegen, ins Gedächtnis ruft, erinnern andere an die frühere Allianz zwischen der UdSSR und Syrien unter der Baath-Partei. Was auch immer die tatsächliche Motivation sein mag, in jedem Falle stellt Krieg für Putin ein bevorzugtes Instrument dar, um die Rückkehr Russlands auf die internationale Bühne vor Augen zu führen.

9. KAPITEL

EINE IDEOLOGIE FÜR EUROPA UND FÜR DIE WELT

Wladimir Putin hat ein Projekt für Europa und für die Welt. Und er ist überzeugt davon, dass er nicht mehr sehr weit von dessen Verwirklichung entfernt ist. Dieses Projekt umfasst zwei Teile. Der erste nennt sich höchst offiziell *Russki Mir* (»Russische Welt«), während der zweite darauf abzielt, die Führung der konservativen Bewegung in Europa zu übernehmen – konservativ in Putins Sinn, das heißt gegen Homosexualität, Atheismus, Kosmopolitismus gerichtet, gegen das Internet und gegen jeden künstlerischen Ausdruck, der mit Unordnung in Verbindung gebracht werden kann. Der Begriff »Russische Welt« taucht im 19. Jahrhundert mit den ersten großen ideologischen Rechtfertigungen des russischen Imperiums auf. In den 1990er Jahren erwacht er mit dem Zersplittern des sowjetischen Imperiums zu neuem Leben. Im Jahr 2000 weisen Wissenschaftler angesichts der aktuellen Lage Russlands auf ein Paradox hin: »Welches Land auch immer den Status einer Weltmacht beansprucht, bemüht sich nicht nur, die Interessen seiner eigenen Bürger zu befriedigen, sondern muss auch im Interesse der Bürger anderer Staaten, anderer Länder arbeiten. Je mehr einzelne Bürger anderer Staaten Russland brauchen, desto beständiger ist die Position Russlands in der Welt. Die Grundlagen der Beständigkeit und Nützlichkeit kann und muss das zu formierende russische Staatswesen im Bereich der Russischen Welt suchen, in einer Politik der konstruktiven Entwicklung seiner weltweiten Netzwerke.«[1] Im Klartext: Russland muss sich um die in anderen Staaten lebenden Russen kümmern, selbst wenn sie nicht die russische Staatsbürgerschaft besitzen.

Diese Russische Welt bildet sich im Laufe der dramatischen Ereignisse heraus, die das 20. Jahrhundert durchläuft. Einen Teil seiner Eliten büßt das Land zunächst zum Zeitpunkt der Revolution von 1917, beim Ausgang des Bürgerkriegs und zu Beginn der 1920er Jahre ein. Eine zweite Emigrationswelle findet zwischen 1944 und 1945 statt. In den 1970er und 1980er Jahren folgen die Refuseniks und Dissidenten. In den 1990er Jahren gibt es Ausreisewellen aus ökonomischen Gründen. Zu Beginn der 2000er Jahre gehen zahlreiche junge Leute für ihr Studium ins Ausland und kehren nicht immer zurück. Der *Braindrain*, die Abwanderung der Intelligenz, ist besorgniserregend. Millionen nicht in Russland lebender Personen gruppieren sich in Gemeinschaften auf der ganzen Welt neu zusammen. Das Konzept trifft bei den Politikern ins Schwarze: Man muss die Russen in der Diaspora zurückgewinnen. Bereits bei seiner ersten Amtsantrittsrede unterstreicht Putin die Bedeutung einer Position: »die russischen Bürger überall zu schützen – sowohl in unserem Land als auch außerhalb seiner Grenzen«.[2] Es handelt sich noch nicht um die Russische Welt im eigentlichen Sinne, die auch die russischsprachigen Nicht-Staatsbürger umfasst. Doch im Kern ist das Thema vorhanden. Im folgenden Jahr schmeichelt der Präsident den Teilnehmern des »Kongresses der Landsleute«. Beim Untergang der Sowjetunion träumten russische Emigranten und deren Nachfahren davon, wieder einen Platz in der verlorenen (oder phantasierten) »Heimat« zu finden. Also bietet man ihnen nun den russischen Pass an. Manche erheben Anspruch auf die während der Revolution beschlagnahmten Familiengüter. Aristokraten werden für das Fernsehen vor ihren einstigen Schlössern gefilmt. Die Akteure aus der Welt der Kultur werden gebührend gefeiert. Fach- und Geschäftsleuten bietet man wieder Kontakte oder sogar Projekte an. Putin spürt, dass eine Kraft existiert und dass man sie nutzen muss. Im Hinblick sowohl auf die einst Emigrierten als auch auf die über die neuen Republiken der Ex-UdSSR verstreuten russischsprachigen Sowjetbürger äußert er: »Die russischsprechende Gemeinschaft nimmt zusammen mit den Bürgern Russlands ihrer Größe nach den fünften Platz in der Welt ein. Dutzende Millionen von Menschen, die russisch sprechen, russisch denken und – was vielleicht noch wichtiger ist – russisch fühlen, leben außerhalb der Grenzen der Russischen Föderation.«[3] Die ihnen zugedachte Rolle wird sich erst nach und nach enthüllen. 2004 bei einem Besuch in Caen rühmt Putin unter den russischen Emigranten jene, die »fromm die Traditionen unseres Landes bewahrten, auf jede Art und Weise die nationale Kultur und die russische Sprache unterstützten und geistig immer mit Russland verbunden waren«.[4] Nachdem sich das offizielle Projekt der Russischen Welt in den folgenden Jahren deutlicher organisiert, tritt es 2007 offen zutage. Sein

Anwendungsbereich möchte über die Verteidigung der russischsprachigen Minderheiten in der Ex-UdSSR oder die Verherrlichung kultureller und geistiger Werte der weißen Emigration hinausgehen. Die Russische Welt wird eine Struktur zur Förderung der russischen Sprache. 2007 wird zum Jahr der russischen Sprache erkoren. Gemäß einer romantischen, typisch slawophilen Auffassung ist diese Sprache »nicht nur das Kommunikationsmittel von Millionen von Menschen, die sie sprechen und kennen. Sie ist ein Konzentrat unserer nationalen geistigen Reichtümer.«[5] Putin verspricht konkrete Maßnahmen zu ihrer Förderung. Einige Tage vorher ermunterte er die geschichtsträchtige russischsprachige Zeitschrift der russischen Immigration in Frankreich, *Russkaja Mysl* (»Russischer Gedanke«), die bis dahin der antisowjetischen Dissidenz nahegestanden hatte, »zum Zusammenschluss der ›Russischen Welt‹ beizutragen – einer Welt der Wissenschaft und des Lernens, einer Welt, die reich an Geschichte und an Traditionen ist«.[6] Im Übrigen hatte nur ein paar Monate zuvor eine neue, der immer konservativer werdenden ideologischen Linie Putins treu ergebene Redaktion die Leitung der Zeitschrift übernommen. In Moskau steigt im Jahr 2007 Wjatscheslaw Nikonow, ein kremlnaher Historiker, Präsident der Stiftung Politika und Abgeordneter der Partei Einiges Russland, zum Leiter der Stiftung Russki Mir auf. Nikonow, geboren 1956, ist ein Enkel von Stalins Außenminister Wjatscheslaw Molotow, dem Unterzeichner des deutsch-sowjetischen Nichtangriffspakts von 1939. Der Enkel hat dem berühmten Ahnen übrigens auch eine Biographie gewidmet. Während der Großvater den Stalinismus in der

Welt verteidigte, hat der Enkel die Mission, aus jedem im Ausland lebenden Russischsprachigen einen Unterstützer der Putinschen Vision von Russland zu machen. Konkret initiiert er in allen Ländern der Welt Programme zur Russischförderung, eröffnet Häuser der russischen Sprache und Kultur. Er steht in völligem Einklang mit der Weltanschauung des Präsidenten. 2010 auf dem Forum Weltpolitik betont er: »Das russische Demokratiemodell wird nicht leicht zu erschaffen sein. Es wird weder amerikanisch noch britisch werden. Es wird als typisch russisches Modell existieren – oder überhaupt nicht.«[7] Was die vermeintliche Feindseligkeit des Westens gegenüber Russland anbelangt, ist er ebenfalls auf einer Wellenlänge mit Putin. 2014 erklärt er in der *Prawda*: »Seit tausend Jahren wird ein gezielter Kampf gegen Russland geführt. Die heutigen Tage sind keine Ausnahme, dieser Kampf des Westens gegen Russland wird niemals aufhören.«[8]

Die andere privilegierte Stütze der Russischen Welt ist die Orthodoxie. Im Moment der Versöhnung zwischen dem Patriarchat von Moskau und der sogenannten »Auslandskirche«, die in Opposition zur Entmündigung der Kirche und ihrer Unterwerfung unter die Bolschewiken gegründet wurde, bekräftigt Putin: »Die Renaissance der kirchlichen Einheit ist eine wesentliche Bedingung zur Wiederherstellung der verlorenen Einheit der gesamten ›Russischen Welt‹, für die der orthodoxe Glauben immer eines der geistigen Fundamente gewesen ist.«[9] Ein anderes Schicksal ist jenen orthodoxen Kirchen vorbehalten, denen es in ihrem Verlangen nach Wahrung ihrer politischen und geistigen Unabhängigkeit widerstrebt, wieder in den Schoß der Moskowiter zurückzukehren. 2003 bricht zwischen dem sogenannten Ökumenischen Patriarchat von Konstantinopel, dem die russischen Kirchen in der Diaspora unterstehen, und dem Patriarchat von Moskau ein Zwist aus. Daraufhin fordert Moskau die »Rückübereignung« der vor der Revolution erbauten Kirchen und Kathedralen in mehreren Ländern Europas, so etwa 2009 der Kathedrale von Nizza in Frankreich, oder es provoziert durch Beeinflussung der Kleriker und der Gläubigen einen Wechsel der Jurisdiktion. Die sanfte Kulturpolitik hat sich in eine brutale Offensive verwandelt. Ebenfalls in Frankreich treffen die russischen Verantwortlichen, denen es nicht gelungen ist, die Kontrolle über die Pariser Kathedrale in der Rue Daru zu erlangen, die Entscheidung, gegenüber dem Eiffelturm »ihre« Kathedrale zu errichten, nachdem sie 2009 bereits ihr orthodoxes Seminar in Épinay-sous-Sénart in der Pariser Banlieue ins Leben gerufen haben. Der russische Staat erschafft oder unterwandert Vereine zur Pflege der Sprache und Kultur, Wirtschaftsverbände oder religiöse Vereinigungen, um die russischen Emigranten in völlig gefügige Einflussfaktoren zu verwandeln.

Die zweite Achse des Projekts der Einflussnahme in Putins neuer Ideologie ist die konservative Botschaft, die sich diesmal nicht nur an die Russischsprachigen, sondern an alle europäischen Bürger richtet. Für den Kreml versteht sich die Sache von selbst: Europa befindet sich im ökonomischen Niedergang und moralischen Verfall. Putin ist der Ansicht, dass die Ablehnung des Islam und die Proteste gegen die gleichgeschlechtliche Ehe in Frankreich einen tieferen Grund haben. Ein Trugbild zeichnet sich ab, dem zufolge eine kleine Bande von Ultramodernisten, inspiriert durch amerikanische Gender-Theorien, versuchen würde, der Bevölkerung insgeheim Reformen, die zu gewaltigen anthropologischen Veränderungen führen, aufzudrängen, insbesondere die Beseitigung des Paradigmas der Abstammung. Für Putin ist das eine wichtige Etappe im Kampf der Kulturen. Man muss folglich Europa helfen, seinen christlichen Wurzeln und seinen traditionellen Werten treu zu bleiben. Im Frühjahr 2014 versichert der russische Präsident, seine »Freunde« vor der Zunahme des Populismus in Europa gewarnt zu haben, eine Entwicklung, die er einer zu laxen Politik in Fragen der Einwanderung und der Rechte der Homosexuellen zuschreibt: »Seit Jahren sage ich meinen Freunden in Europa: Wenn ihr so weitermacht, ohne die Stimmung der Bevölkerung in euren eigenen Ländern zu berücksichtigen, dann wird der Nationalismus unweigerlich zunehmen. Und genau das passiert.«[10] Die russische konservative Wende muss exportiert werden. Putin versteht sich als Herold dieser antimodernistischen Welle.

Unter diesem Gesichtspunkt siedelt der russische Staat 2007 in New York und Paris »Institute für Demokratie und Zusammenarbeit« an. Ihr Ziel ist es, die Werte des neuen Russland zu vermitteln. Die von den westlichen Staaten vorgebrachten Kritiken bezüglich der Respektierung der Menschenrechte in Russland verlangen nach einer Antwort. Was, wenn nun Russland seinerseits die Einschränkungen der Rechte in diesen heuchlerischen, angeblich mustergültigen Ländern überwachen würde? Das offizielle Ziel dieser Institute ist also: »Studium und Evaluierung der Organisation der Wahlprozesse und der Wahlverläufe; Förderung von Studien und Ausarbeitung von wirksamen Programmen zum Kampf gegen Xenophobie, Rassismus, Extremismus und Terrorismus«.[11] Doch die Institute für Demokratie und Zusammenarbeit organisieren auch Seminare und Konferenzen entlang der großen Achsen der neuen Doktrin des Kremls: Verteidigung einer multipolaren Welt gegen die amerikanische Hegemonie, Verteidigung der »traditionellen Familie«, »Gegeninformation« über den Krieg in Syrien, die Ereignisse in der Ukraine usw. Ihre Vertreter sind regelmäßig bei den Medien zu Gast, um einen »politisch inkorrekten« Kontrapunkt zur »westlichen Propaganda« zu setzen. Der Informationskrieg nach der Annexion der Krim und der Unterstützung der Separatisten in der Ukraine ist ein wesentlicher Stützpfeiler der russischen Einflussnahme. Die auch in Deutsch und Französisch sendende Mediengruppe Russia Today kommt in den Genuss eines Budgets über mehrere Dutzend Millionen Euro. 2014 lanciert sie ein auf den Namen *Sputnik* getauftes, internationales Informationsnetzwerk. In Deutschland verbreitet *Compact*, das »Magazin für Souveränität«, die Ideen des Kremls in deutscher Sprache. Dieser Wille, für die Welt die Heimat des Konservatismus zu repräsentieren, ist auch in den immer enger geknüpften Banden zu den populistischen und rechtsextremen Bewegungen spürbar, insbesondere zum französischen Front National. Der russische Präsident setzt auf den Machtzuwachs und den Sieg von Marine Le Pen. Diese hegt große Bewunderung für den russischen Präsidenten. Delegationen des Front National begeben sich nach Russland und empfangen im Gegenzug kremlnahe Funktionäre. Aymeric Chauprade, der frühere diplomatische Berater von Marine Le Pen und ein großer Anhänger des Eurasismus, gehört zu den »unabhängigen Beobachtern«, die sich aufmachen, den ordnungsgemäßen Gang des Referendums zum Anschluss der Krim an Russland zu kontrollieren. Im ersten Kanal des russischen Fernsehens kann er den Zuschauern den Eindruck vermitteln, Frankreich würde diese Befragung gutheißen. Auch ein Teil der französischen Konservativen aus der UMP[12] – vor allem deren Jugendorganisation Jeunes Populaires – ist, ebenso wie Teile der französischen Linksfront, sehr von Putin eingenommen, jenem »starken Mann«, der es wagt, Amerika die Stirn zu bieten. Politiker wie Thierry Mariani (UMP) machen keinen Hehl aus ihrer Wertschätzung des russischen Präsidenten. Putins Anklang in Europa wird unbestreitbar größer.

Ein Beispiel für Putins Unterstützung der radikalsten Konservativen: Im August 2014 empfängt der russische Präsident den antieuropäischen, islamophoben und ultrakonservativen Politiker Philippe de Villiers, den Vorsitzenden des Mouvement pour la France. Er heißt ihn in Jalta auf der Krim willkommen. Putins vorrangiges Interesse gilt sicherlich nicht dem Mann, der von der politischen Bühne Frankreichs abgetreten ist, sondern der Tatsache, dass dessen Bruder seit Februar 2014 den Chefposten des französischen Generalstabs innehat. Putin ist zudem sehr erpicht auf jeden Akt, der Zustimmung zur Annexion der Halbinsel bekundet. Er unterstützt die Idee, dort einen historischen Themenpark anzulegen, ähnlich dem, den Philippe de Villiers mit dem Puy du Fou im Département Vendée geschaffen hat. Man muss bedenken, dass Russland aus dem 84. Föderationssubjekt eine Sonderzone machen will, die offen für Spielkasinos ist. Ende April 2014 bringt Putin ein Gesetzesprojekt ein, das die Krim zu den in Russland erlaubten »Glücksspielzonen« hinzufügt. Das Gesetz wird im Mai verabschiedet. Die Kasinos sind im Bau. Die Krim aber bedarf noch einer moralischeren Zerstreuung – Philippe de Villiers mit seinem historischen Spektakel kommt da gerade recht. Der Gast zeigt dem neuen Meister des Konservatismus seine Ergebenheit: »Der Präsident Wladimir Putin wird als Persönlichkeit, als Mann, in den Herzen und Seelen vieler Europäer weitaus höher geachtet als die meisten europäischen Führer und Verantwortlichen.«[13] Putin weiß das zu schätzen. »Es stimmt, die Personen, die unsere Vorgehensweisen befürworten, unsere Ansichten teilen, sind recht zahlreich. Und wir werden natürlich weiter unseren Weg gehen, unsere Prinzipien und Ansichten verteidigen und uns auf die Personen stützen, die diese Ansichten mit uns teilen, in Russland, in Frankreich und auf der ganzen Welt.«[14] Putin zählt auf die Machtübernahme der populistischen Parteien, um der Führer Europas zu werden. Um das zu erreichen, setzt er alle notwendigen Hebel in Bewegung, einschließlich finanzieller.

Letztlich greifen die verschiedenen Ebenen von Putins Ideologie perfekt ineinander. Um das größtmögliche eurasische Imperium zu konstruieren, muss er die russische Bevölkerung für die Idee eines besonderen historischen »Weges« mobilisieren. Und um den Rest der Welt auf seine Seite zu ziehen, hat er entschieden, sich zum Vorkämpfer eines antimodernistischen und erzkonservativen Paradigmas zu machen. Dabei bleibt er seinem ursprünglichen sowjetischen Erbe treu. Während des 20. Jahrhunderts arbeitete die Sowjetunion mit gewissem Erfolg daran, befreundete Regime einzusetzen oder aufrechtzuerhalten, Bruderparteien zu unterstützen, sich der Seelen zu bemächtigen und den Kommunismus in seiner sowjetischen Version für den einzigen großen, verteidigungswerten Traum menschlicher Emanzipation auszugeben. Doch mit dem Zusammenbruch der Sowjetunion musste Russland sich damit abfinden, ein Land wie jedes andere zu werden, weder schlechter noch besser. Dank des nationalistischsten und protowissenschaftlichsten Zweiges der russischen Philosophie gibt Putin Russland nun seine internationale ideologische Berufung zurück. Die identitäre konservative Bewegung soll ein Leitstern für alle Völker der Welt werden. Die vom Kreml initiierte und gesteuerte konservative Mobilisierung kennt keine Grenzen mehr. Die UdSSR war kein Land, sondern ein Konzept. Mit Putin ist Russland wieder der Name einer Idee.

10. KAPITEL

ESKALATION ZUM ÄUSSERSTEN

Die Idee eines vom Westen lange gedemütigten und belei-
digten Russlands, das sich nun nicht mehr davon abhalten
lasse, seine Macht zurückzuerobern, verlangte nur noch
danach, in die Tat umgesetzt zu werden. Doch Wladimir
Putin benötigte mehrere Jahre, um die große Geste, die
die Welt in Bann schlagen würde, erst möglich, dann un-
umgänglich werden und schließlich tatsächlich geschehen
zu lassen. Nach der Annexion der Krim und der Intervention russischer Streitkräfte in Syrien im Jahr 2015 – die es
Baschar al-Assad erlaubte, um den Preis von 400 000 To-
ten und Millionen Vertriebenen[1] die Macht in Damaskus
zu behalten – stellt sich im Kreml die Frage, welche Fortsetzung der »Rückkehr Russlands« auf die internationale
Bühne zu geben sei. Wie soll das Feuer der nationalistischen
Begeisterung von 2014 am Brennen gehalten werden, während das Land unter den strengen Bedingungen der westlichen Sanktionen lebt und die eurasische Wirtschaftsunion
auf der Stelle tritt?

2017 wird der einhundertste Jahrestag der Oktoberrevolution mit größter Zurückhaltung gefeiert, so sehr fürch-
tet der Präsident, sich von einem Teil seiner Wählerschaft,

die sich sowohl aus Nostalgikern als auch aus Feinden der UdSSR zusammensetzt, zu entfremden. Lenins sterblichen Überreste ruhen immer noch in ihrem Mausoleum auf dem Roten Platz. Am 3. April führt ein von Islamisten begangenes Bombenattentat in der Metro von Sankt Petersburg zum Tod von 15 Personen. Obwohl Tschetschenien seit Jahren auf Kurs gebracht ist, suchen seine Gespenster Russland immer noch heim. Im Frühjahr desselben Jahres erschüttern Antikorruptionsdemonstrationen das Land; die Enthüllungen des Oppositionellen Alexej Nawalny fallen auf fruchtbaren Boden. Wladimir Putins dritte Amtszeit an der Spitze seines Landes geht zu Ende mit einem Gefühl der Selbstzufriedenheit, gemischt mit ein wenig Überdruss. Während seiner alljährlichen Pressekonferenz im Dezember 2017 glaubt er, auf dem Transparent eines Journalisten »Putin bye-bye« zu lesen. In Wahrheit steht dort »Putin Babai«, was »Großväterchen Putin« bedeutet. »Ich bin alt, meine Augen sind müde«, scherzt der Präsident, ein wenig aus dem Konzept gebracht. Dann hustet er. Er ist seit 17 Jahren an der Macht.

Er wird trotzdem für eine vierte Amtszeit kandidieren, und er ist sich sicher, dass er sie gewinnen wird. Am 1. März 2018 legt er in seiner jährlichen Grußadresse an die Föderationsversammlung, nur wenige Wochen vor der Wahl, die beiden Bestandteile seines Programms dar. Einerseits ein »Russland für die Leute«, für das Volk. Das ist ein Slogan für die Wahlkampagne. Und das ist logisch: Jetzt, da sein Land sich mit der Annexion der Krim für den Affront der postsowjetischen Ära Genugtuung verschafft hat, ist es Zeit, sich um das Alltagsleben seiner Mitbürger zu kümmern, denn der Aufschwung des Lebensniveaus der 2000er Jahre ist nur noch eine ferne Erinnerung. Seit der Finanzkrise von 2008 und dem Inkrafttreten der westlichen Sanktionen geht es mit dem Land langsam, aber sicher bergab, und die Ungleichheiten sind immer noch so himmelschreiend wie damals. Putin unterbreitet ein ambitioniertes Programm an Sozialreformen – Erneuerung des Gesundheits- und Bildungssystems, der Infrastruktur, Investitionssteigerung, Kampf gegen die Armut, ehrgeizige demographische Pläne. Der andere Teil besteht in einem Aufrüstungsprogramm, das Russland unbesiegbar machen soll. Gestützt durch Bilder behauptet der Präsidentschaftskandidat, dass sein Land nunmehr über Waffen verfügt, die ihm eine weltweite Überlegenheit sichern. Insbesondere erwähnt er mit Stolz die Entwicklung eines »mit einem Nuklearsprengkopf ausgestattete[n] Marschflugkörper[s] mit praktisch unbeschränkter Reichweite, unvorhersagbarer Flugbahn und der Fähigkeit, Abfanggrenzen zu umgehen. Er ist durch keine existierenden und künftigen Raketen- und Flugabwehrsysteme besiegbar.« Von nun an möchte Wladimir Putin, statt das Wohl des Volkes der Wiederherstellung seiner Ehre zu opfern, Russland auf den beiden Füßen des Wohlstands und der Macht marschieren lassen. Er wird ohne Enthusiasmus, aber mit komfortabler Mehrheit wiedergewählt. Er zählt auf die Ausrichtung der Fußballweltmeisterschaft im Juni und Juli 2018, um der Welt und ihrer Jugend zu zeigen, dass Russland ebenso respektiert wie attraktiv ist.

Allerdings läuft Putins vierte Amtszeit stotternd an. Unmittelbar nach der Wahl stimmt die Duma für eine unpopuläre Rentenreform und erhöht die Mehrwertsteuer. Der offizielle Diskurs schnurrt, Putin wiederholt beinahe gebetsmühlenartig seine Kritiken am liberalen Westen, der die »traditionellen Werte« aufgegeben habe. Der Zauber wirkt nicht mehr richtig. Seine Beliebtheitswerte erodieren langsam, aber sicher. Während sie nach der Annexion der Krim nahe 90 Prozent lagen, pendeln sie sich seit 2020 zwischen 60 und 70 Prozent ein.[2] Das ist im Großen und Ganzen natürlich ein beachtlicher Wert, doch Putin hat sich an eine quasi totale Zustimmung gewöhnt. Laut dem Soziologen Lew Gudkow, Direktor des unabhängigen russischen Meinungsforschungsinstituts Lewada-Zentrum, »gelingt es der Propaganda nicht mehr, eine neue Welle des Antiamerikanismus und antieuropäische Gefühle auszulösen. In Wahrheit sind die Menschen der Konfrontation mit dem Westen müde.« Zwei Ereignisse markieren die Jahre 2018–2021: die Annahme einer neuen Verfassung, die Putin autorisiert, für zwei zusätzliche, jeweils sechsjährige Amtszeiten bis zum Jahr 2036 zu kandidieren; und die Vergiftung des Oppositionellen Alexej Nawalny mit einer Substanz »vom Typ Nowitschok« im Sommer 2020, dann seine Verhaftung Anfang 2021. Einen Nawalny, der sich die Zeit genommen hat, den FSB lächerlich zu machen und eine Dokumentation über Putins Palast online zu stellen (21 Millionen Klicks). Für eine weltumspannende Ambition sind diese Jahre kein Ruhmesblatt.

Mit der Annexion der Krim und der Instrumentalisierung der Separatisten aus dem Donbass endet ein erster Abschnitt territorialer Expansion. Der Präsident startet also

eine neue Baustelle: eine Gedenkoffensive. Der konsens-
trächtige historische Roman über das, was man in Russland den »Großen Vaterländischen Krieg« von 1941–1945
nennt, wird vom Kreml seit mehreren Jahren einer Re-
vision unterzogen. Das »unsterbliche Regiment«,[3] jener
jährliche Marsch von hunderttausenden russischen Staats-
bürgern, die das Foto eines ihrer Vorfahren, der am Krieg
gegen den Nazismus teilgenommen hat, mit sich tragen,
wird zu einer Art mystischem Kult. Mit kleinen Pinsel-
strichen, bei seinen Reden und Treffen beiläufig fallenge-
lassen Bemerkungen, schwingt sich Putin zum Historiker
auf und breitet eine neue Erzählung über die Geschichte
des 20. Jahrhunderts aus. Eine seiner Absichten ist es, die
UdSSR von der im Juni 1939 durch den deutsch-sowjetischen Nichtangriffspakt geschlossenen Allianz mit Hitler
reinzuwaschen. Im November 2014 rechtfertigt er den
Pakt wie folgt: »Russland hatte keine Lust, Deutschland zu
bekämpfen. Was ist schlimm daran? […] So waren nun
einmal die Methoden der damaligen Außenpolitik.« Das
Argument greift kurz. Der Präsident zeigt nun aber gern,
dass er Recht hat. Während die Verherrlichung der ent-
scheidenden Rolle der Sowjetunion beim Kampf gegen den
Nazismus die gesamte Gesellschaft durchdringt, mit Hilfe
von neuverfassten Schulbüchern und von militärischer
und patriotischer Bildung für die Jüngsten, setzt Moskau
große Erwartungen in den 9. Mai 2020, den 75. Jahrestag
des Sieges. Auf dem Roten Platz wird eine gigantische Parade vorbereitet. Die Staatschefs der ganzen Welt sind ein-
geladen zum ruhmreichen Gedenken an die UdSSR. Doch
letzlich bequemt sich kein einziger westlicher Staatsfüh-

rer herbei. Zutiefst gekränkt, verfasst Wladimir Putin daraufhin im Juni 2020 in Englisch einen sehr langen Artikel
für die US-amerikanische Fachzeitschrift *The National In-
terest*. Dort schreibt er: »Die tieferliegenden Ursachen für
den Zweiten Weltkrieg stammen hauptsächlich von den
Entscheidungen, die nach dem Ersten Weltkrieg getroffen
wurden. Der Versailler Vertrag wurde für Deutschland zu
einem Symbol gravierender Ungerechtigkeit.« Die Demütigung der Besiegten habe den Boden für das Rachegelüst
bereitet, welches zum Nazismus geführt habe. Es handelt
sich um ein klassisches Argument, das insbesondere von
dem deutschen, pro-nationalsozialistischen Philosophen
und Juristen Carl Schmitt benutzt wurde, der in dem Vertrag eine Mischung aus »ethischem Pathos und wirtschaft-
licher Berechnung« und keinen wirklichen Friedensvertrag
sieht[4] – daher die aufwallende Frustration in Deutschland.
Ihm zufolge war Stalin einer der wenigen Staatsführer jener
Zeit, die Hitler nicht getroffen haben, während die Westmächte in deutsche Rüstungsunternehmen investierten
und die Grenzen »aufs Geratewohl« gezogen wurden, was
territoriale Konflikte verursachte. »Die UdSSR verlor einen
von sieben Bürgern, das Vereinigte Königreich einen von
127, die Vereinigten Staaten einen von 320.« Putin konzentriert sich auf das Münchner Abkommen vom September
1938, in dessen Ergebnis Frankreich und Großbritannien
die Ansprüche Hitlers auf die Tschechoslowakei akzep-
tierten. »Heute wollen führende Politiker aus Europa, und
insbesondere aus Polen, gern den Münchner Verrat unter den Teppich kehren«, donnert er, und beteuert, dass
»während dieser dramatischen Tage von 1938 die Sowjet-

union als einzige zur Tschechoslowakei gestanden hat«. Im Grunde hätten laut dem Historiker Wladimir Putin die Westmächte versucht, »die Aufmerksamkeit der Nazis ostwärts zu lenken, sodass Deutschland und die Sowjetunion unweigerlich aufeinanderstoßen und sich gegenseitig ausbluten lassen würden«. Schon damals wollte der Westen das unermessliche und unabhängige Russland zerstören. Unter diesen Bedingungen stellte der deutsch-sowjetische Nichtangriffspakt eine sowjetische Verteidigung gegenüber dem von den westlichen Staaten gewollten Vormarsch der deutschen Armee dar. Und so geißelt er den historischen »Revisionismus, dessen Manifestationen wir jetzt im Westen beobachten«. Großmütig ruft er zu einem gemeinsamen Forschungsprogramm aller einstigen kriegführenden Parteien auf, »die nach einer ausgewogenen Bewertung des damals Geschehenen suchen sollten«. Es heißt, er habe im Speziellen mit Emmanuel Macron telefoniert, um ihm den Aufbau einer Kommission aus russischen und europäischen Historikern vorzuschlagen. Der französische Präsident hat höflich abgelehnt. Während seiner am 9. Mai 2021 auf dem Roten Platz gehaltenen Gedenkrede hat Putin also neuerlich beteuert, dass angesichts des Nazismus »unsere Nation allein war«: »Das Sowjetvolk erfüllte seinen heiligen Schwur, verteidigte sein Vaterland und befreite Europa von der ›braunen Pest‹.« Er warnte ebenfalls vor einer Rückkehr »des Antisemitismus und der Russophobie« und vor der Rolle bestimmter Staaten, die begierig darauf seien, »die Geschichte umzuschreiben«. Wenn er den Antisemitismus anspricht, denkt er an die verantwortlichen ukrainischen Politiker, die seit Jahren von den russischen Staatsmedien gleichsam rituell als »Nazis« beschimpft werden.

Eine weitere Obsession: die Weigerung, neben Russland die Existenz eines anderen Staates zu tolerieren, der seine Unabhängigkeit erklärt hat und in Richtung Europa schaut. Er hat einen neuen Grund, das westliche Europa zu verabscheuen, und geht zur nächsten Etappe über: Durchführung der finalen Synthese von Zeit und Raum, von Idee und Realität, von Mythos und Leben, kurz gesagt: Überfall auf die Ukraine. Zunächst muss jedoch die schmerzvolle Covid-Episode überstanden werden. Der Kreml sieht sich einer stumpfen Feindseligkeit der Bevölkerung gegenüber, die weder Impfstoffe noch QR-Codes haben möchte. In Russland wie anderswo, gewiss aber noch ein wenig mehr als anderswo, hat das Verschwörungsdenken der Impfgegner Rückenwind. Der Präsident, der seinerseits sichtlich besorgt um seine Gesundheit ist, errichtet einen Sicherheitskordon um seine Person und wirkt in seinem Elfenbeinturm physisch und symbolisch isoliert. Ist der Plan zur Invasion der Ukraine im Laufe dieser endlosen Pandemie entstanden? Oder war sie bereits seit den ersten Monaten von Putins vierter Amtszeit vorgesehen? Jedenfalls war sie seit etlichen Jahren aus seinen Reden und Deklarationen herauszulesen.

Die Eskalation zum Äußersten beginnt im April 2021 mit der Bewegung russischer Truppen zur ukrainischen Grenze. Diese erste Episode der Spannungen zieht ein erstes Treffen zwischen Wladimir Putin und Joe Biden in Genf nach sich. Im Juli wirft sich Putin wieder sein Historikerkostüm über und veröffentlicht höchstpersönlich[5] auf der Webseite des Kremls einen eigenen Artikel »Über die historische Einheit der Russen und Ukrainer«, ein Thema, mit dem er sich seit Jahren beschäftigt. Er bekräftigt wieder, dass die laut ihm inmitten ein und desselben historischen und spirituellen russisch-ukrainischen Raumes errichtete Mauer eine »Tragödie« sei. Der Begriff ist kraftvoll und erinnert an seine berühmte Deklaration über »die größte Tragödie des 20. Jahrhunderts«, den Zusammenbruch der UdSSR. Er räumt ein, dass dieser Einschnitt die Folge »unserer eigenen, während verschiedener Perioden begangenen Fehler« sei. Doch augenblicklich setzt er hinzu, die Trennung in zwei Gebiete sei ebenfalls »das Ergebnis der vorsätzlichen Bemühungen jener Kräfte, die schon immer bestrebt waren, unsere Einheit zu untergraben«. Er nimmt hier die Thesen von Iwan Iljin über die Versuche des Westens, die Ukraine Russland zu entreißen und unter seine Herrschaft zu bringen, wieder auf. In einer gut einstudierten Liebeserklärung will der »Journalist und Historiker« Putin mit Rückgriff auf die imperiale russische Historiographie des 19. Jahrhunderts vor allem an eines erinnern: »Russen, Ukrainer und Weißrussen sind die Nachkommen der alten Rus, die [vom 9. bis zum 13. Jahrhundert] der bedeutendste Staat Europas war.« Sie sprachen eine Sprache und wählten nach der Taufe von Großfürst Wladimir im Jahr 988 den gleichen orthodoxen Glauben, von Nowgorod bis Kiew und darüber hinaus. Kiew sei die »Mutter aller russischen Städte«, wiederholt er nach dem berühmten, Oleg dem Weisen zugeschriebenen, Ausspruch. Putin unterlässt es allerdings zu präzisieren, dass diese Rus in der Realität multiethnisch war, dass sie sich weit über die Territorien der heutigen Ukraine hinaus erstreckte und dass es zwischen diesem Bund aus Fürstentümern und dem Russland, wie es im 13. Jahrhundert von Moskau aus aufgebaut wurde, keinen zwingenden, kontinuierlichen Übergang gibt. Die Hauptsache ist für ihn, auf der unabdingbaren und historisch begründeten Einheit der beiden Völker zu insistieren. Für eine souveräne Ukraine gibt es da keinen Platz.

In seinem Artikel, der zahlreiche Interpretationen hervorrufen wird, präzisiert der Autor weiter: »Es wäre keine Übertreibung zu sagen, dass der Pfad der gewaltsamen Assimilierung, die Formierung eines ethnisch reinen, Russland gegenüber aggressiven ukrainischen Staates, in seinen Konsequenzen mit dem Einsatz von Massenvernichtungswaffen gegen uns vergleichbar ist. […] All die mit dem antirussischen Projekt einhergehenden Tricks sind klar für uns. Und niemals werden wir erlauben, dass unsere historischen Territorien und uns nahe Menschen, die dort leben, gegen Russland benutzt werden. Und jenen, die einen solchen Versuch unternehmen wollen, möchte ich sagen, dass sie auf diese Weise ihr eigenes Land zerstören werden.« Schlussfolgerung: Neue Truppen werden im Herbst an die Grenze zur Ukraine geschickt.

Am 21. Oktober 2021, während seiner doktrinären Rede beim jährlich stattfindenden Waldai-Klub, der internationale Russlandexperten in Sotschi zusammenbringt, betont Putin, dass die dreißig Jahre, die uns vom Untergang der Sowjetunion und dem Ende des Kalten Krieges trennen, ein objektives historisches Urteil erlauben würden. Ihm zufolge habe der Westen schlechthin versagt und den falschen Weg eingeschlagen. Auf internationaler Ebene endeten die Trunkenheit der Sieger des Kalten Krieges und ihr Gefühl, sich auf dem »Olymp« wiederzufinden, unterm Strich in grausamen Desillusionen. Der russische Präsident nennt die beiden von Amerika geführten Kriege im Irak und in Afghanistan: Der erste habe den IS hervorgebracht, der andere habe miterleben lassen, wie die amerikanische Armee schmählich davonlief und das Land den Taliban überließ. Auf ökonomischer und sozialer Ebene würden die wachsenden Ungleichheiten im Westen – Putin vergisst freilich zu erwähnen, dass diese in seinem Land viel krasser sind – die Spannungen, Frustrationen, extremistischen Bewegungen und Demonstrationen gegen die Hygienemaßnahmen erklären. Er legt nahe, dass sich Russland im Vergleich dazu in einer viel stabileren Lage befinde. Auf ideologischer Ebene schließlich habe der Westen seine Ideale verraten. Mit Blick auf die fehlende internationale Kooperation beim Kampf gegen die Covid-19-Pandemie bedauert Putin, dass sein Impfstoff in zahlreichen Ländern nicht zugelassen worden sei, und prangert den Egoismus der westlichen Staaten an. Diese Niederlage des Westens habe eine moralische und spirituelle Basis, und als Beweis dafür bemüht er den Erfolg des »Wokismus«, das Wiederaufleben des Kampfes gegen Diskriminierungen aufgrund von Rasse oder Geschlecht in den westlichen Ländern. Er dramatisiert den Kampf gegen einen seiner Meinung nach verrückt gewordenen Westen. In Russland sind die »traditionellen Werte« in die neue Verfassung hineingeschrieben. Die Worte, die der Präsident findet, um die westlichen

Länder zurechtzuweisen, können gar nicht hart genug sein, denn was diese etablieren wollten, sei eine »›umgekehrte Diskriminierung‹ der Mehrheit im Interesse der Minderheiten ... die Ablehnung so grundlegender Vorstellungen wie Mama, Papa, Familie oder sogar Geschlechterunterschiede [...]. Wir verlangen einfach, dass man nicht die Nase in unser Haus, in unsere Angelegenheiten steckt«, versetzt er schlussendlich. Die Menschen des Westens seien orientierungslose, verwöhnte Kinder. Russland dagegen sei ein erwachsenes, verantwortungsbewusstes Land.

Der Präsident bekräftigt erneut in aller Ruhe seine Doktrin: »Wie ich bereits an anderer Stelle gesagt habe [...], wir wurden unsererseits von der Ideologie eines gesunden Konservatismus geleitet.« Er bezieht sich auf den Wendepunkt von 2013, »als dunkle Wolken begannen, sich aufzutürmen«, insbesondere mit den westlichen Plänen zur gleichgeschlechtlichen Ehe. Im Laufe der folgenden Diskussion mit dem Auditorium fragt jemand den Präsidenten nach seinen Lieblingsphilosophen. Er ist beinahe ein wenig geniert, erneut auf Iwan Iljin zu verweisen, den Propheten eines postsowjetischen Russlands, das imstande wäre, den Begehrlichkeiten des Westens zu widerstehen. »Wissen Sie, ich möchte nicht sagen, dass es für mich nur Iwan Iljin gibt, aber ja, ich lese ihn bis heute.« Und er habe immer ein Buch von ihm in Reichweite auf seinem Bücherregal, verdeutlicht er. Er zitiert ebenfalls Berdjajew, bei dem er die antirevolutionäre Angriffsrichtung und den ontologischen Konservatismus in der *Philosophie der Ungleichheit* zu schätzen weiß (um den Preis eines Widerspruchs, wie wir gesehen haben). Außerdem kommt er auf einen bereits in seinen großen Reden zitierten Begriff zurück, den der »Passionarität« von Lew Gumiljow. Einige Monate zuvor hatte er nochmals seine Zustimmung zu dieser Idee verkündet: »Ich glaube an die Passionarität, an diese Idee der Passionarität. In der Natur genau wie in der Gesellschaft gibt es eine Entwicklung, einen Höhepunkt und ein Schwächerwerden. Russland hat seinen Höhepunkt noch nicht erreicht. Wir sind auf dem Vormarsch, auf dem Vormarsch für die Entwicklung.« Ihm zufolge wird Russland von der Kraft eines jungen Volkes getragen: »Wir besitzen einen unendlichen genetischen Code«, sagt er.[6] Allerdings dürfe der auf die russische Vitalität eifersüchtige Westen Russland nicht daran hindern, diese so zu entfalten, wie sie es verdient.

Schließlich gibt es noch Dostojewski. Am 11. November 2021, dem 200. Geburtstag des Dichters, besucht Putin dessen Geburtshaus in Moskau, das in ein Museum umgewandelt und komplett neu hergerichtet ist. In der Reportage, mit der sich die Fernsehnachrichten diesem Besuch widmen, werden nur zwei Dostojewski-Zitate hervorgehoben. Das erste geißelt die Europäer, das zweite kritisiert die »Liberalen«. Ein Berater des Präsidenten unterstreicht, dass dieser eifrig das *Tagebuch eines Schriftstellers* lese. Diese Chroniken repräsentieren nun aber lediglich einen winzigen Teil vom Werk Dostojewskis, jenen, in dem er sich von seiner nationalistischsten Seite zeigt. Kurzum, Wladimir Putin hat seinen eigenen Dostojewski gewählt. Jedenfalls ist zu sehen, dass sich Putin, nachdem er diese wenigen Autoren in seinem persönlichen Pantheon aufgestellt hat, regelmäßig auf sie bezieht. Ob gründlich oder weniger gründlich gelesen, dienen sie alle seiner konservativen und antiwestlichen Ideologie.

Bewaffnet mit diesem intellektuellen Substrat, kann der russische Präsident die nächste Phase seines Planes in Gang setzen. Nachdem er noch mehr neue Truppen an der Grenze zur Ukraine massiert hat, verlangt er von den Vereinigten Staaten und der NATO, sich dazu zu verpflichten, die Ukraine niemals in ihre Organisation aufzunehmen. Putin weiß ganz genau, dass Washington im Namen der Freiheit eines jeden Landes, sein Militärbündnis selbst zu wählen, nicht akzeptieren wird, ein solches Dokument zu unterzeichnen. Dieses Manöver ist eine Falle: Ein Beitritt der Ukraine ist in nächster Zeit gar nicht vorgesehen, während ein Teil ihres Territoriums annektiert und ein anderer in den Händen von Separatisten ist. Doch es bedurfte eines Vorwands, um die Ukraine anzugreifen. Und genau das tut Putin im Februar 2022.

Bereits im Oktober 2021 hatte die CIA eine Invasion der Ukraine vorhergesagt, von Osten und von Süden, zudem von Norden aus Weißrussland mit den Truppen Alexander Lukaschenkas. Emmanuel Macron, der um jeden Preis den Dialog aufrechterhalten will, begibt sich nach Moskau und verbringt sechs Stunden am Ende eines langen, sehr langen Tisches mit dem Versuch, Wladimir Putin davon zu überzeugen, nicht zur Tat zu schreiten. Während der folgenden gemeinsamen Pressekonferenz zeigt sich der russische Präsident bezüglich seiner Absichten noch immer genauso undurchschaubar, und er droht: Im Fall eines wegen der Ukraine mit Nuklearwaffen ausgetragenen Konflikts zwischen der NATO und Russland »werden Sie nicht einmal Zeit zum Blinzeln haben«, bevor die neuen russischen Raketen einschlagen werden, versichert er und zeigt mit dem Finger auf den französischen Journalisten, der ihn zur Rede gestellt hatte. Emmanuel Macron fliegt zurück nach Paris und ist sich sicher, zumindest Zeit vor einem möglichen späteren Angriff Russlands gewonnen zu haben. Das diplomatische Ballett setzt sich fort. Andere europäische Staatsführer wie der deutsche Kanzler Olaf Scholz begeben sich ihrerseits nach Moskau. Doch die Duma hat bereits einen Gesetzentwurf vorbereitet, um die beiden Separatistengebiete im Donbass anzuerkennen. Während Wladimir Putin vorgibt, seinen westlichen Gesprächspartnern zuzuhören, wickelt er sorgfältig seinen Plan ab.

Am 21. Februar, als Emmanuel Macron gerade die Durchführung eines Gipfels zwischen Joe Biden und Wladimir Putin erwirkt hat, versammelt letzterer seinen Sicherheitsrat, in dem die höchsten Persönlichkeiten des Staats ihren Sitz haben, seine treuesten Gefolgsleute seit Jahren, wenn nicht Jahrzehnten. In einem riesigen weißen, säulenumstandenen Saal sitzen sie alle, der Präsident hinter einem Schreibtisch und, mit reichlich Abstand, seine Gesprächspartner auf Stühlen mit Blick zu ihm, die Hände auf den Knien verschränkt. Putin kündigt an, dass er die Situation im Donbass besprechen will: Die selbstproklamierten Republiken Donezk und Luhansk, in den Händen prorussischer Kräfte, werden militärisch angegriffen von den »derzeitigen Machthabern in Kiew«, die sich weigern, das Minsker Abkommen umzusetzen. Russland muss auf diese Gefährdung der Zivilbevölkerung reagieren, eine Gefährdung, die ihm zufolge einem Genozid nahekommt. Die heutige Sitzung habe also das Ziel, »die Kollegen des Rats anzuhören« und »die Schritte festzulegen, die zu unternehmen sind«. Wie soll auf die Bitte um Anerkennung der beiden Republiken reagiert werden?

Er unterstreicht, dass diese Frage »eng verbunden ist mit den globalen Sicherheitsproblemen in der Welt im Allgemeinen und auf dem europäischen Kontinent im Besonderen«. Tatsächlich stelle es »eine sehr große Gefahr« dar, wenn »die Ukraine als Werkzeug der Konfrontation mit unserem Land, Russland«, benutzt werde. Er bittet zuerst den Außenminister, das Wort zu ergreifen. Der stämmige Sergej Lawrow mit seiner tiefen Stimme und gleich im Anschluss der Chefunterhändler des Minsker Abkommens erstatten Bericht über ihre Diskussionen mit den »westlichen Kollegen«. Sie sind beide auf der gleichen Linie wie der Präsident, der ihnen zuhört und dabei nervös mit dem Fingernagel auf der Tischplatte kratzt. Der Westen weise die legitimen Forderungen Russlands zurück, und die Ukraine weigere sich, das Minsker Abkommen umzusetzen. Der Leiter des FSB, der elegante Alexander Bortnikow, erklärt nun seinerseits, dass sich die humanitäre Lage im Donbass verschlechtere und zehntausende Einwohner vor den Kämpfen flöhen, um in Russland Zuflucht zu suchen. Der Verteidigungsminister, der treue Sergej Schoigu, manchmal präsentiert als ein möglicher Thronfolger des Präsidenten, erläutert die Schwere der ukrainischen Angriffe, während Wladimir Putin auf seinen Schreibtisch trommelt und sich räuspert.

Anschließend bittet er die Mitglieder des Rats, sich einer nach dem anderen zu erheben, sich hinter das Rednerpult zu seiner Linken zu begeben und ihre Meinung kundzutun: Soll in einem Moment, in dem die Drohungen und Erpressungen des Westens offenkundig geworden sind, die Unabhängigkeit der beiden Separatistenrepubliken anerkannt werden? Mit einem gebieterischen Kopfnicken ruft er Dmitri Medwedew als ersten auf. Der stets etwas weichlich wirkende ehemalige Premierminister, Präsident der Russischen Föderation von 2008 bis 2012 und Vizepräsident des Rats erklärt: »Die Ukraine braucht diese Republiken nicht.« Während er ihn mit einer Handbewegung wieder zu seinem Stuhl zurückschickt, fügt Putin noch eine Klarstellung an: »Ich habe nichts mit Ihnen im Vorfeld diskutiert, ich habe Sie nicht vorab nach Ihrer Ansicht gefragt […], denn ich wollte Ihre Meinung ohne jegliche Vorbereitung erfahren.« Weit entfernt von einer Inszenierung, wohnen wir live dem Anschluss des inneren Machtkreises an die einzig von Putin ausgehende Initiative bei. Der Präsident der Duma, Wjatscheslaw Wolodin, seinerseits nach vorn gerufen, ruft in Erinnerung, dass die Deputierten der Forderung nach Anerkennung der Republiken »aus humanitären Gründen« zugestimmt haben, und befürwortet offensichtlich die Resolution. Die einzige Frau der Gruppe, die Präsidentin des Föderationsrats, des russischen Oberhauses, Walentina Matwijenko, spricht empört von einem von den »Kiewer Marionetten« begangenen »Genozid« gegen die Bevölkerung des Donbass und schließt sich ihren Kollegen an, während Putin die Lippen zusammenkneift und unfreiwillig grimassiert.

Nach dem Premierminister Michail Mischustin, so durcheinander, dass er vergisst, auf die Hauptfrage zu antworten, ist die Reihe an dem aristokratischen Leiter des Auslandsgeheimdienstes, Sergej Naryschkin. Er begibt sich hinter das Rednerpult, gestikuliert sichtlich nervös, interpunktiert seinen Vortrag mit verlegenen »Äh«s und wirkt ein wenig verloren. Deutlich kritisch gegenüber der Ukraine, die ihm zufolge nicht beabsichtige, das Minsker Abkommen umzusetzen, verheddert er sich. Aus dem Konzept gebracht, schlägt er schließlich vor, »dass unseren sogenannten westlichen Partnern die letzte Chance gegeben werden könnte«, um Kiew zu zwingen, das besagte Abkommen doch noch umzusetzen. Ihm ist vollkommen klar, dass die Anerkennung der Republiken dem Kreml erlaubt, einen Angriff auf die Ukraine zu starten. Und offensichtlich befürwortet er diese Option nicht. Putin fragt ihn mit gezwungenem Lächeln: »Sie wollen also in einen Verhandlungsprozess eintreten?« »Äh, nein, ich, äh«, stammelt Naryschkin. Der Präsident unterbricht ihn: »… oder die Souveränität anerkennen?« Da beginnt der Leiter des Auslandsgeheimdienstes erbärmlich zu stottern. Putin schneidet ihm im Befehlston das Wort ab: »Sprechen Sie Klartext!« »Ich würde befürworten …« »Würden Sie, oder befürworten Sie? Sprechen Sie Klartext, Sergej.« In diesem Moment stolpert Naryschkin, völlig von der Rolle: »Ich befürworte den Vorschlag, die Donezker und Luhansker Volksrepubliken in die Russische Föderation einzugliedern.« »Das ist gerade nicht die Frage«, erwidert Wladimir Putin mit einem tückischen Lächeln, weil es hier nur um die Anerkennung, nicht um die Annexion geht. Daraufhin trägt Naryschkin wie ein Automat die richtige Antwort vor. »Danke. Setzen Sie sich.« Der russische Präsident hat soeben einen Petersburger, wie er aus den Reihen des KGB, öffentlich gedemütigt, jemanden, den er Ende der 1970er Jahre kennengelernt hat und der in seiner gesamten Karriere immer in seinem Gefolge war. Diese Szene wie aus einem Shakespeare-Drama zeigt, dass Wladimir Putin inzwischen die Macht auf einsame und grausame Weise ausübt, auch gegenüber dem Kreis seiner engsten Vertrauten.

Dieser Abend des 21. Februar 2022, der Russland in ein neues Universum kippen lässt, ist jedoch noch nicht zu Ende. Einige Augenblicke später wendet sich Putin im Fernsehen an seine Mitbürgerinnen und Mitbürger. Er befindet sich nicht mehr unter der grandiosen weißen Kolonnade, sondern in einem holzvertäfelten Büro, mit einigen Telefonen in Reichweite und vor mehreren Bildschirmen. Das ist ein Krisen- oder Kommandoraum. Zunächst wiederholt er: »Die Ukraine ist nicht nur ein Nachbarland, sondern ein unverzichtbarer Teil unserer eigenen Geschichte, unserer Kultur, unseres spirituellen Raums. Es sind unsere Kameraden, unsere Nächsten, unter denen sich nicht nur Kollegen und Freunde finden, sondern auch Verwandte, Leute, die mit uns durch Bluts- und Familienbande verbunden sind.« »Die Bewohner im Südwesten des historisch gesehen russischen Landes nannten sich selbst Russen und Christlich-Orthodoxe.« Daraufhin stürzt er sich in einen schier endlosen Geschichtsvortrag. (Zeitgleich postet der junge und superberühmte russische Rapper Morgenshtern in seinem Newsfeed aus dem Exil in

Dubai unter das Foto des Präsidenten: »Suchen Sie einen Geschichtsprofessor? 450 Rubel.«) Vergessen wir nicht, dass Wladimir sich seit einigen Jahren nicht nur als Staatschef, sondern auch als Philosoph der zivilisatorischen Mission Russlands sieht, und zudem als Historiker. Zunächst erklärt er, »dass die heutige Ukraine vollständig von Russland, oder genauer, vom bolschewistischen, kommunistischen Russland erschaffen wurde«. Putin hat sich bereits in der Vergangenheit mehrfach mit dieser Frage befasst. Er will aber, dass all seine Landsleute sie verstehen und ihm zustimmen. In seiner Lesart ist es Lenin, der Russland (ukrainische) Teile seines historischen Territoriums herausgerissen hat. Dann hat Stalin vor und nach dem Zweiten Weltkrieg der Ukraine Landesteile zugeschlagen, die zuvor zu Polen, Rumänien und Ungarn gehörten. Schließlich hat Nikita Chruschtschow 1954 der Ukraine »aus Gründen, die keiner kennt«, die Krim gegeben. Mit Blick zurück auf die Gründung der Sowjetunion im Jahr 1922, bei der die Beziehungen zwischen den infolge der Revolution entstandenen politischen Gebilden organisiert werden mussten, erwähnt er den Streit zwischen Lenin und Stalin, dem damaligen Beauftragten für die Nationalitätenfrage. Letzterer – dem Putins Vorliebe gilt – schlug vor, die Republiken in einen einzigen, von Moskau aus regierten Staat zu integrieren, im Gegensatz zu Lenin, der ein erbitterter Gegner dessen war, was er den »großrussischen Chauvinismus« nannte. In Putins Worten ergibt das: »Lenin schlug vor, den Nationalisten Zugeständnisse zu machen« - und er hat dabei ganz sicher in erster Linie die ukrainischen Nationalisten im Sinn. »Warum war es nötig, [...] den unaufhörlich wachsenden nationalistischen Begehrlichkeiten an der Peripherie des früheren Reiches Genüge zu tun« und den Nationalisten so viel Land zu überlassen, fragt er sich. »Auf den ersten Blick wirkt das absolut unverständlich, sogar verrückt«, fasst er zusammen. Dieser Fehler erlaubte es der Ukraine, beim Untergang der UdSSR unabhängig zu werden. Deshalb müsste man heute ihm zufolge von der »Ukraine des Wladimir Iljitsch Lenin« sprechen – eine Stichelei, eine Provokation, da ja die Ukraine bekanntlich nach der Revolution vom Maidan alle Denkmäler des Revolutionsführers gestürzt und sich an eine Entkommunisierung des Landes gewagt hat. Dann gibt er sich drohend und fährt mit spöttischem Lächeln fort: »Ihr wollt Entkommunisierung? Sehr gut, das ist uns gerade recht. Doch warum auf halbem Wege aufhören? Wir sind bereit zu zeigen, was wirkliche Entkommunisierung für die Ukraine bedeuten würde.« Wer auch immer zwischen den Linien zu lesen vermag, versteht hier, dass er seine Panzer auf die Ukraine loslassen wird.

Er setzt seinen Geschichtsunterricht fort, erwähnt Archive, stützt sich auf die Konzeptpapiere aus den Versammlungen der sowjetischen Führung, um zu zeigen, dass die schier unumgängliche Unabhängigkeit der Ukraine von der Führung der Sowjetunion in den 1980er Jahren nicht verhindert wurde, und kommt zu dem Schluss: »Der Zusammenbruch des historischen Russlands, bekannt unter dem Namen UdSSR, wird immer auf ihrem Gewissen lasten.« Tatsächlich hätten seit der Unabhängigkeit die ukrainischen Machthaber begonnen, »ihren Staat in Opposition zu allem aufzubauen, was uns eint«. Ihm zufolge habe der

Nationalismus rasch die Formen von »aggressiver Russophobie und Neonazismus« angenommen, mit aktiver Beteiligung des Westens, der die Ukraine in eine regelrechte
»Kolonie« verwandelt habe. Die »Radikalen« hätten ihren
Einfluss auf eine Regierung, die krank von Nationalismus
und Korruption sei, vergrößert, bis hin zum »Staatsstreich«
vom Maidan im Jahr 2014. Die Sieger vom Maidan hätten
sich mit einer Politik des Terrors gegenüber ihren Gegnern
zahlreicher Verbrechen schuldig gemacht, insbesondere
der Brandlegung am Haus der Gewerkschaften in Odessa
im Mai 2014, in dem prorussische Kräfte Zuflucht gesucht
hatten, was zu über vierzig Todesopfern führte. »Die Kri-
minellen, die diese Schandtat begangen haben, wurden nie
bestraft. Niemand sucht auch nur nach ihnen. Aber wir
kennen die Namen eines jeden von ihnen, und wir werden alles dafür tun, sie vor Gericht zu bringen.« Schließlich warnt er noch vor einer kommenden nuklearen Be-
drohung – von Seiten der Ukraine oder auch der NATO.
Und tut so, als würde er den Staaten des Westens die Frage
stellen: »Warum macht ihr Feinde aus uns?« Die Antwort
sei recht einfach: »Sie brauchen kein großes, unabhängiges
Land wie Russland.« Ihr einziges Ziel sei es, »Russlands
Entwicklung zu bremsen«, sie würden etwas gegen uns haben und uns bedrohen, »einfach nur, weil wir existieren«.
Russland habe das absolute Recht, sich zu verteidigen.

Merkwürdiges Detail: Auf dem Video dieser fast einstün-
digen Einlassung, die mit der Ankündigung der Anerkennung der beiden separatistischen Republiken im Donbass
und eines Abkommens zur gegenseitigen Hilfe endet, ra-
gen die beiden vergoldeten Knäufe an der Lehne des Stuhls,

auf dem Wladimir Putin sitzt, so über seine Präsidenten-
schultern, als wollten sie ihm zwei Generalsepauletten an-
heften. Als hätte sich Gogol die Inszenierung dieser Rede
vor dem Kriegseintritt ausgedacht.

Dieser geschieht drei Tage später um sechs Uhr morgens.
Im gleichen Büro, im gleichen Anzug, mit derselben Kra-
watte, aber aus einem leicht veränderten Winkel gefilmt,
beteuert Wladimir Putin, »dass in an Russland grenzenden
Territorien, die […] zu unserem historischen Land gehören, ein feindliches ›Anti-Russland‹ Gestalt annimmt. Vollständig von außen kontrolliert«, bedrohe es Russland. Es
handle sich für das Land also um »eine Frage von Leben
und Tod, eine Frage der historischen Zukunft als Nation«.
Die rote Linie sei überschritten. In einer Rhetorik, die immer entrüsteter und repetitiver wird, wiederholt er seine
Überzeugung, dass die Neonazis aus Kiew sich anschicken
würden, sein Land anzugreifen, vielleicht sogar mit der
Atomwaffe. Da die Donbass-Republiken an Russland »ein
Hilfegesuch gerichtet« hätten, habe er »die Entscheidung
getroffen, eine militärische Spezialaktion zu führen«, um
die Millionen Menschen zu schützen, welche Opfer von
»Verfolgungen« und eines von Kiew gelenkten »Genozids«
würden. Ziel dieser Operation sei es, eine »Entmilitarisie-
rung« und »Entnazifizierung« des Landes zu erreichen. Im
Klartext: die gewählte Regierung durch ein Marionetten-
regime zu ersetzen und sich von diesem die Anerkennung
der Krim und einen endgültigen Verzicht auf einen NATO-
Beitritt unterzeichnen zu lassen. Der russische Präsident
versichert, dass keine Besatzung der Ukraine vorgesehen

sei und nichts mit Gewalt aufgezwungen werde. Er ruft ebenfalls die ukrainische Armee auf, sich zu weigern, der »Neonazijunta« zu gehorchen, die Waffen niederzulegen und »heimzukehren«. Schließlich richtet er sich an jene, die versucht sein könnten, in den Konflikt einzugreifen: »Die russische Antwort wird augenblicklich folgen und Konsequenzen haben, mit denen Sie in Ihrer Geschichte noch nie konfrontiert waren.« Die nukleare Drohung gegen das, was er inzwischen »das Reich der Lüge« nennt, ist offenkundig. Am 28. Februar verkündet der Verteidigungsminister Sergej Schoigu, er habe den Kommandozentren die Befehle des russischen Präsidenten Wladimir Putin übermittelt, der am Vorabend »die Abschreckungskräfte der russischen Armee in einen Zustand des erhöhten Gefechtsalarms« versetzt habe.

Der Angriff wird gestartet, massiv. Die ganze Welt ist fassungslos. Auch wenn die Amerikaner seit Wochen vor dem unmittelbaren Bevorstehen einer Invasion gewarnt hatten, glaubten nur wenige daran, so extrem erschien diese Entscheidung, und so den eigenen Interessen Russlands zuwiderlaufend. Doch Wladimir Putin urteilt nicht mehr (hat er es je getan?) nach utilitaristischen Gesichtspunkten, die Konsequenzen seines Handelns für seine Bevölkerung abwägend. Er weiß, dass sich sein Land weltweiter Missbilligung und massiven Sanktionen gegenübersehen wird, was die Russen, eingesperrt hinter einem neuen Eisernen Vorhang, in Elend und Schrecken stürzen wird. Doch in seinem Geist gilt: Gesagt, getan. Er will im Hinblick auf seine geduldig erarbeitete Vision von der Geschichte der Welt,

Russlands und der Ukraine konsequent sein. Der Kriegseintritt ist vorbereitet gewesen, wahrscheinlich seit Jahren.
Jenen, die sich fragten, warum der russische Präsident
nach seiner dritten Wiederwahl »den Spieleinsatz nicht
erhöhte«, gab er so die denkbar extremste Antwort. Während er lediglich seine mit Hilfe von Iljin, Gumiljow und
anderen russischen Denkern entwickelte Weltanschauung
in die Praxis überführte, fragten sich manche noch: Hat
Wladimir Putin den Verstand verloren? Jedenfalls hat er
sich in einen abgeschlossenen, immer zwanghafteren und
von der Realität abgeschnittenen Diskurs eingesperrt.

Doch die Dinge laufen nicht ab wie vorgesehen. Die Ukrainer, Armee wie Zivilbevölkerung, leisten Widerstand. Die
Russen machen ganze Städte dem Erdboden gleich, wie
Grosny und Aleppo, und lösen einen nie gesehenen, massiven Exodus nach Europa aus. Doch sie erleiden so erheb-
liche Verluste, dass Wladimir Putin sich am 3. März erneut
an seine Landsleute wendet. Er wechselt den Tonfall. Er
nennt die im Kampf gefallenen russischen Soldaten und
die Schwierigkeiten beim Vormarsch auf ukrainischem
Terrain. Er tut es auf epische Weise, in der Art der sowjetischen Kriegserzählungen, die er als Jugendlicher lesen
und im Kino ansehen musste. Er erzählt vom Opfer eines
Oberleutnants, Nurmahomed Gadjimahomedow, gefallen
im Kampf, nachdem er alles getan habe, um seine Männer
zu schützen. Er ehrt ihn postum mit dem Titel »Held Russlands«. Sein ganzes Leben war Putin vom Zweiten Weltkrieg umgetrieben, dessen Geschichte er neuschreiben
möchte, um seinem Land den Platz zu geben, den es ver-

dient. Nun trägt sich alles so zu, als könnte er sich in diese nie kennengelernte Epoche versetzen. Seine Erzählung re-aktiviert die sowjetische Mythologie des »Großen Vater-ländischen Krieges«. Er lässt ihn Wirklichkeit werden um den Preis einer gewaltigen Verdrehung, wenn nicht Um-kehrung der Realität: Weder die Armee noch die politi-sche Führung der Ukraine sind Nazis. Und die russische Armee, losgezogen, um ein friedliches Land zu überfallen, hat nichts mit einer Befreiungsarmee zu tun. Der russische Präsident will, dass sein Krieg ein Weltkrieg sei, wie der Zweite. Niemand weiß, wiederholen wir es, ob Wladimir Putin den Verstand verloren hat. Doch diese Videosequenz, in der er eine mythifizierte Vergangenheit in eine neu er-fundene Gegenwart umschmilzt, legt nahe, dass er in einer Parallelwelt vor sich hingedämmert hat. Und er würde gern ein ganzes Volk dort mit hineinziehen. Es ist ungewiss, ob das Volk ihm bis zum Schluss in diese Deformation der Geschichte und der Ereignisse folgen wird.

Die Invasion der Ukraine schließt den Kreis der Ge-schichte eines Präsidenten, der, an die Macht gelangt, die Gesellschaft von der Last der Ideologie befreien wollte und dabei eine andere Ideologie wiederhergestellt hat. Um seine Landsleute hinter sich zu scharen, hat er einen Deckel auf die Geschichte gestülpt, ebenso auf die russi-sche wie auf die sowjetische, auf den Zarismus wie auf den Kommunismus, auf das postsowjetische Russland, die Ukraine, Europa, den Westen. Dabei hat er die klarsich-tige Untersuchung durch eine Mythologie ersetzt, die auf die verhinderte russische Stärke gegründet ist. Wladimir

Putin hat gewiss *Die Dämonen* von Dostojewski gelesen. Der Nihilist und professionelle Revolutionär Pjotr Werchowenskij liefert den Schlüssel zum Erfolg in der Politik: »Die Hauptsache ist die Legende.« Um die Macht zu erlangen und zu behalten, müssen die Nuancen der Realität durch das Flammende der sakralen Erzählung ersetzt und dann dieser Mythos auf das Existierende angewendet werden, auch um den Preis der Gewalt. Doch erinnern wir uns an das Ende des Romans: Nach der Ermordung eines Unschuldigen zerstreut sich die Bande der Revolutionäre in Angst und Scham. Der Romanheld bringt sich um. Das Reale rächt sich.

ANHANG

ANMERKUNGEN

PUTIN UND DIE PHILOSOPHIE

1 »Berdjajew po-putinski« [Berdjajew à la Putin], von Natalja Galimowa, Artikel auf der Webseite gazeta.ru, erschienen am 16. Mai 2014.

2 Webseite der Gesamtrussischen Nationalen Front, 18. August 2014.

3 Beitrag Putins auf dem APEC-Gipfel »Business and Globalisation« in Brunei, 15. November 2000. Annähernd alle Beiträge und Reden Putins können in russischer Sprache [etliche davon auch in englischer Übersetzung] auf der präsidialen Webseite Russlands, kremlin.ru, eingesehen werden.

4 Putins Aufsatz »Russland an der *Jahrtausendwende*« ist am 30. Dezember 1999 in mehreren Zeitungen erschienen. S. z.B. die Webseite der *Nesawissimaja Gaseta* (www.ng.ru/politics/1999-12-20/4_millenium. html) [dt. in: Wolfgang Seiffert, *Wladimir W. Putin. Wiedergeburt einer Weltmacht?*, München 2000, S. 139–164, aus dem Russischen von Martina Munk, hier: S. 150].

5 Begegnung mit Studenten der Königsberger Universität, 27. Juni 2003.

6 S. v.a. einen Artikel des *FT Magazine*, »Putin and the monk« von Charles Clover, vom 25. Januar 2013.

IN ERSTER LINIE SOWJETBÜRGER

1 Interview mit dem amerikanischen Fernsehsender NBC, 2. Juni 2000.

2 Das erklärt Masha Gessen in *The Man Without a Face: The Unlikely Rise of Vladimir Putin*, NYC 2012 [dt. *Der Mann ohne Gesicht – Wladimir Putin. Eine Enthüllung*, aus dem Amerikanischen von Henning Dedekind u. a., München / Zürich 2012].

3 Interview mit Kulturschaffenden, Jalta, 14. August 2014.

4 Interview mit NBC (op. cit.), 2. Juni 2000.

5 Interview mit BBC, 5. März 2000.

6 Interview mit NBC (op. cit.), 2. Juni 2000.

7 Ebd.

8 Swetlana Alexijewitsch, *Secondhand-Zeit. Leben auf den Trümmern des Sozialismus*, aus dem Russischen von Ganna-Maria Braungardt, Berlin / München 2013, S. 143.

9 Ebd., S. 103.

10 Ebd., S. 38.

11 Rede während der Parade zum 67. Jahrestag des Sieges im Zweiten Weltkrieg, Moskau, 9. Mai 2012.

12 Interview mit NBC (op. cit.), 2. Juni 2000.

13 Ebd.

14 Ebd.

15 Zeugnis seines Freundes Sergej Roldugin, zitiert in der ersten autorisierten Biographie Putins, *Aus erster Hand. Gespräche mit Wladimir Putin* von Natalija Geworkjan u. a., aus dem Russischen von Eva Henkensieken, München 2000, S. 55 (Orig. *Ot perwogo liza: Rasgovory s Wladimirom Putinym* s. http://archive.kremlin.ru/articles/bookchapter1/shtml).

16 Interview mit *Le Figaro*, 26. Oktober 2000.

17 Erklärung zur Änderung der Staatssymbole, Moskau, 4. Dezember 2000.

18 Ebd.

19 Hotline mit den Lesern der Tageszeitung *Komsomolskaja Prawda*, 9. Februar 2000.

20 Botschaft an die Föderale Versammlung, Moskau, 25. April 2005.

21 Interview mit dem Magazin *Time*, 19. Dezember 2007.

22 Botschaft des Präsidenten an die Russische Föderation, Moskau, 18. März 2014 [Hervorhebung des Autors].

23 Interview mit dem amerikanischen Nachrichtensender CNN, New York, 8. September 2000.

24 »Russland an der Jahrtausendwende«, op. cit.

25 Er kritisiert es mehrmals scharf, z. B. während eines Interviews mit dem russischen Fernsehsender ORT am 15. Januar 2000.

26 Interview mit der Tageszeitung *Gazeta Wyborcza* und dem polnischen Fernsehsender TPV, 15. Januar 2002.

27 Interview mit dem Autor.

ANMERKUNGEN

KANT, PETER DER GROSSE UND
DIE PHILOSOPHIE DES JUDO

1 Fjodor Dostojewski, *Aufzeichnungen aus dem Kellerloch*, aus dem Russischen von Swetlana Geier, Frankfurt / Main 2006, S. 11.

2 Interview mit *BILD*, 18. September 2001.

3 Interview mit dem Autor.

4 Rede zur Einweihung einer Gedenktafel zu Ehren Kants an der Universität Kaliningrad, 3. Juli 2005.

5 Treffen mit dem deutschen Außenminister Joschka Fischer, Moskau, 12. Februar 2004.

6 Rede zur Einweihung (op. cit.), 3. Juli 2005.

7 Masha Gessen, *Der Mann ohne Gesicht*, a. a. O., Kap. IV.

8 Ebd., S. 167: Putin und Sobtschak »teilten eine gemeinsame Abneigung gegen demokratische Abläufe, aber Anfang der neunziger Jahre war eine nach außen zur Schau getragene Treue zu demokratischen Grundsätzen der Preis für das Ergattern von staatlichen Ämtern«.

9 Interview mit *Gazeta Wyborcza* & TPV (op. cit.), 15. Januar 2002.

10 Interview mit dem Autor.

11 Interview mit *Gazeta Wyborcza* & TPV (op. cit.), 15. Januar 2002.

12 Ebd.

13 Ebd.

14 Interview mit BBC (op. cit.), 5. März 2000.

15 Ebd.

16 Pressekonferenz in Madrid, 14. Juni 2000.

17 Interview mit den französischen Fernsehsendern TF1 und France 3, 23. Oktober 2000.

18 Ebd.

19 Interview mit TF1, 11. Februar 2003.

20 Ebd.

21 Treffen mit Mitgliedern des Waldai-Klubs, Nowo-Ogarjowo bei Moskau, 25. Oktober 2012.

22 Interview mit dem Autor.

23 Ebd.

24 Ebd.

25 Ebd.

26 Ebd.

27 Ebd.

28 Interview mit der chinesischen Tageszeitung *Renmin Ribao*, der Nachrichtenagentur Xinhua und dem russischen Fernsehsender RTR, 16. Juli
2000.

29 Ebd.

30 Interview mit dem indischen Magazin *India Today* und der Wochenzeitschrift *Russia Journal*, 29. September 2000.

31 Grußbotschaft an die Teilnehmer und Gäste der Judo-EM, Budapest,
25. April 2013.

32 Interview mit dem japanischen Fernsehsender Fuji Terebi, 4. Juli 2000.

33 Interview mit *India Today* (op. cit.), 29. September 2000.

DIE ERSTE PHILOSOPHISCHE
LIEBE DES PRÄSIDENTEN

1 Nach der bolschewistischen Revolution im Oktober 1917 stehen sich die
von Leon Trotzki geführte Rote Armee und die »weißen« Zaristen in
einem Bürgerkrieg gegenüber. Die Weißen werden 1923 geschlagen und
emigrieren in die ganze Welt, insbesondere nach Frankreich.

2 S. den Artikel »Iljins Tag« in der russischen Tageszeitung *Kommersant*,
29. Mai 2006.

3 Vesti.ru, 24. Mai 2009.

4 Interview mit dem Autor.

5 Zitiert nach Basile Zenkovsky, *Histoire de la philosophie russe*, Bd. II,
Paris 1955, S. 390.

6 Im August 1922 lässt Lenin rund zweihundert gegen das bolschewistische Regime opponierende Intellektuelle festnehmen. Sie werden im
Herbst auf zwei »Philosophenschiffe« genannten Passagierdampfern aus
dem Land geschafft. Unter ihnen befinden sich einige der größten russischen Denker wie Sergej Bulgakow, Simon L. Frank, Nikolai Berdjajew,
Leo Karsawin, Roman Jakobson.

7 Iwan Iljin, *O soprotivlenii zlu siloju*, Kap. XVIII, in: *Sobranie Sotschinenij*
[*Gesammelte Werke*] Bd. 5, Moskau 1996, S. 168.

8 Nikolai Berdjajew, »Kochmar slogo dobra« [»Der Alptraum des bösen
Guten«], in der Zeitschrift *Put* Nr. 4, Juni–Juli 1926.

9 Iwan Iljin, »Nazional-sozialism, I. Novyi duch« [»Nationalsozialismus,
I. Neuer Weg«], in der Wochenzeitschrift *Wosroschhdenie*, Nr. 2906, Paris, 17. Mai 1933, s. *Statji, lekzii, wystuplenija, rezensii (1906–1954)*, Moskau 2001, S. 322.

10 Iwan Iljin, »O faschisme« [»Über den Faschismus«], Artikel vom 6. Dezember 1948, Auszug aus *Naschi Sadatschi* [*Unsere Aufgaben*], in: *Sobranie Sotschinenij* [*Gesammelte Werke*] Bd. 2, Moskau 1993, S. 89.

11 Interview mit dem Autor. Die Verbindungen zwischen einem Teil der weißen Emigration, dem Faschismus und dem Nationalsozialismus sind komplex und wenig bekannt. Hat es einen antidemokratischen, antikommunistischen, aber zugleich modernistischen »russischen Faschismus« gegeben? Die Frage ist noch immer umstritten. Wie dem auch sei, Putins Diskurs reaktiviert das Thema. Verwiesen sei hierzu auf das Werk des amerikanischen Historikers Walter Laqueur, *Black Hundreds: The Rise of the Extreme Right in Russia*, New York 1993 [dt.: *Der Schoß ist fruchtbar noch: der militante Nationalismus der russischen Rechten*, aus dem Amerikanischen von Thomas Pfeiffer und Renate Weitbrecht, München 1993].

12 *Der russische Philosoph Iwan Iljin*, 2011, 47 Minuten. In diesem Fernsehfilm insistiert Nikita Michalkow mit seiner verführerischen, leicht belegten Stimme auf dem, was seiner Meinung nach bei Iljin zählt: der Kritik an den Liberalen und an den »formalen Demokraten«, den Verantwortlichen für die Revolution, die unfähig sind, Russland zu verstehen, und an den »Semiintellektuellen«, die nicht mehr mit den tiefen Eigenschaften des russischen Volkes verwurzelt sind; schließlich der Ruf nach einer streng zentralisierten und vertikalen Macht. Dazu muss gesagt werden, dass der Film mitten in der Zeit der Proteste gegen die amtierenden Machthaber Anfang 2012 ausgestrahlt wurde.

13 Botschaft an die Föderale Versammlung (op. cit.), 25. April 2005.

14 Ebd.

15 Ebd.

16 I. Iljin, *Naschi Sadatschi* [*Unsere Aufgaben*], »Die Hauptaufgabe des künftigen Russland«, a. a. O., Bd. 1, Moskau 1993, S. 265.

17 Ebd., S. 278.

18 Botschaft an die Föderale Versammlung, Moskau, 10. Mai 2006.

19 Ebd.

20 Moskau, 26. Juni 2013.

21 I. Iljin, *Naschi Zadatschi* [*Unsere Aufgaben*], »Optimism w politikje« [»Optimismus in der Politik«], a. a. O., Bd. 1, S. 85.

22 Ebd., »Predstojachti v Rossii chaos«, a. a. O., S. 20.

23 Ebd., »Nazionalny void i partinye glawari« [»Der nationale Führer und die Parteispitzen«], a. a. O., S. 35.

24 Vesti.ru, 24. Mai 2009.

25 *Naschi Sadatschi* [*Unsere Aufgaben*], a. a. O., Bd. 1, S. 326–340.

26 Ebd.

27 Iljin seinerseits verteidigt eine andere Konzeption der Freiheit. Er meint: »Wer Russland liebt, der muss ihm Freiheit wünschen. Vor allem Freiheit für Russland selbst, internationale Unabhängigkeit und Autonomie. Zweitens Freiheit für Russland als Einheit der russischen Kultur und aller anderen nationalen Kulturen. Schließlich Freiheit für die russischen Menschen, für uns alle: Freiheit im Glauben, in der Wahrheitssuche, im Schaffen, in der Arbeit und im Eigentum.« Iwan Iljin, »Rossii njeobchodima swoboda« [»Russlands unabdingbare Freiheit«], in *Naschi Sadatschi* [*Unsere Aufgaben*], a. a. O., Bd. 2, S. 163. In seiner Botschaft an die Föderale Versammlung vom 4. Dezember 2014 zitiert Putin diese Worte Iljins und spricht ihnen einen »tiefen Sinn« zu [vgl. die von Helmut Ettinger besorgte deutsche Übersetzung der gesamten Rede auf www.ag-friedensforschung.de/regionen/Russland1/putin-rede.html].

DIE KONSERVATIVE WENDE

1 Treffen mit Studenten der Staatlichen Universität von Irkutsk, 18. Februar 2000.

2 Interview mit dem Ersten Russischen Fernsehen (RT1) und der Presseagentur AP, Nowo-Ogarjowo, 4. September 2013.

3 Interview mit den deutschen Fernsehsendern ARD und ZDF, 9. Juni 2000 Moskau, 26. Juni 2013.

4 Interview mit *Gazeta Wyborcza* & TPV (op. cit.), 15. Januar 2002.

5 Interview mit der chinesischen Nachrichtenagentur Xinhua und dem Fernsehsender Chinese Central Television (CCTV), 27. November 2002.

6 Ebd.

7 Föderaler Rat zu Fragen der Entwicklung der russischen Kultur, Sankt Petersburg, 16. Juni 2003.

8 Treffen mit französischen Journalisten, Bordeaux, 12. Februar 2003.

9 Redebeitrag bei einem Treffen mit den Teilnehmern des Episkopalen Rates der russischen orthodoxen Kirche, Moskau, 6. Oktober 2004.

10 Interview mit *Time* (op. cit.), 19. Dezember 2007.

11 Ebd.

12 S. hierzu Marlène Laruelle, *Le Nouveau Nationalisme russe*, Paris 2010, S. 228.

13 Treffen mit dem Patriarchen Alexius II., Peredelkino, 13. August 2004.

14 Pressekonferenz für russische und ausländische Journalisten, Moskau, 1. Februar 2007.

15 Interview mit *Time* (op. cit.), 19. Dezember 2007.

16 Redebeitrag auf der Versammlung des Präsidialrats für Kultur und Kunst, Moskau, 30. Mai 2007.

17 Redebeitrag beim russischen Literaturrat, Moskau, 21. November 2013.

18 Versammlung des Präsidialrats für Kultur und Kunst (op. cit.), 30. Mai 2007.

19 Zeremonie zum 200-jährigen Jubiläum der Schlacht von Borodino, 2. September 2012.

20 Treffen auf dem Seliger-Jugendforum, Oblast Twer, 31. Juli 2012.

21 Ebd.

22 Treffen mit Vertretern der Öffentlichkeit zu Fragen der patriotischen Erziehung der Jugend, Krasnodar, 12. September 2012.

23 Ebd.

24 Ebd.

25 Ebd.

26 Ebd.

27 Treffen des Waldai-Klubs, Oblast Nowgorod, 19. September 2013.

28 Ebd.

29 Ebd.

30 Ebd.

31 Ebd.

32 Ebd.

33 S. Tageszeitung *Wedomosti*, 25. September 2013.

34 Ebd.

35 »Ich bin ein Pragmatiker mit Hang zum Konservativen«, behauptet er in jenem wegweisenden Herbst 2013. Interview mit RT1 und AP (op. cit.), 4. September 2013.

36 Botschaft an die Föderale Versammlung, Moskau, 12. Dezember 2013.

37 Ebd.

38 RIA Novosti, 12. Februar 2014.

39 Stanislaw Chatunzew, »Russki Jupiter«, Russki Idea, 5. Juni 2014, abrufbar unter http://www.politconservatism.ru/thinking/Russkiy+Yupiter/.

40 Interview mit dem Autor.

41 Konstantin Leontjew, *Bisantism i slawjanstwo* [*Byzantinismus und Slawentum*], in *Wostok, Rossija i Slawjanstwo*, Moskau 1996, S. 152.

42 Ders., *Sredni Ewropejez kak ideal i orudie wsjemirnowo rasruschenija*, a. a. O., S. 426 [dt. *Der Durchschnittseuropäer. Ideal und Werkzeug universaler Zerstörung*, aus dem Russischen von Juri Archipow, Wien u. a. 2001, S. 81].

43 Treffen des Waldai-Klubs (op. cit.), 19. September 2013.

44 Interview mit dem Autor.

45 Carl Schmitt, *Der Begriff des Politischen* [1927/1932].

DER RUSSISCHE WEG

1 Botschaft an die Russische Föderation (op. cit.), 18. März 2014.

2 Fernsehansprache, 24. März 2000.

3 Redebeitrag auf dem Empfang anlässlich des »Zweitausendjährigen Jubiläums von Christi Geburt«, Moskau, 14. Januar 2000.

4 Diskussion mit Journalisten während einer Reise zu den Solowezki-Inseln, Oblast Archangelsk, 20. August 2001.

5 Interview mit Wall Street Journal, 11. Februar 2002.

6 Interview mit NBC (op. cit.), 2. Juni 2000.

7 Pressekonferenz mit russischen und ausländischen Journalisten, 23. Dezember 2004.

8 Botschaft an die Föderale Versammlung (op. cit.), 25. April 2005.

9 Treffen des Waldai-Klubs, Sotschi, 14. September 2007.

10 Ebd.

11 Botschaft an die Föderale Versammlung (op. cit.), 12. Dezember 2012.

12 Treffen mit Abgesandten der Bischofsversammlung, Moskau, 1. Februar 2013.

13 Interview anlässlich der Ausstrahlung des Films *Die zweite Taufe Russlands*, 23. Juli 2013.

14 Botschaft an die Föderale Versammlung (op. cit.), 12. Dezember 2012.

15 *Kak nam obustroit Rossiju*, Titel eines 1990 von Solschenizyn veröffentlichten programmatischen Textes [vgl. dt. *Russlands Weg aus der Krise. Ein Manifest*, aus dem Russischen von Heddy Pross-Weerth, München 1990].

16 Interview mit den Fernsehsendern ORT, RTR und der Tageszeitung *Nesawissimaja Gaseta*, 25. Dezember 2000.

17 Zitiert in Bertrand Le Meignen, *Alexandre Soljenitsyne. Sept vies en un siècle*, Arles 2011, S. 829.

18 Reden zur Nationalpreisverleihung, Moskau, 12. Juni 2007.

19 Ebd.

20 Op. cit., 10. Mai 2006.

21 Dekret Nr. 474 vom 27. Juni 2014.

22 Vgl. Peter Tschaadajew, »Philosophische Briefe. Erster Brief«, aus dem Französischen von Elias Hurwicz, in: *Apologie eines Wahnsinnigen*, Leipzig 1992, S. 5–29, hier: S. 13 f.

23 Vgl. ebd., S. 17.

24 Vgl. ebd. [Übersetzungen leicht dem Original angeglichen].

25 Referenz für die Dostojewski-Zitate sind hier die Übersetzungen von Swetlana Geier. Drei der großen Romane tragen bei ihr neue und adäquatere Titel: *Böse Geister* für *Die Dämonen*, *Verbrechen und Strafe* für *Schuld und Sühne*, *Ein grüner Junge* für *Der Jüngling* [A. d. Ü.].

26 Alexej Chomjakow, »Neskolko slow o *Filosofitscheskom pisme* napetschatannom w 15 knischke *Teleskopa*«, abrufbar unter www.vehi.net/ khomyakov/izpisma.html.

27 Ebd.

28 Iwan Kirejewski, *Polnoe sobranie sotschinenie*, Neuauflage Westmead u. a. 1970, Bd. I, S. 112 f.

29 Rede zur Feier des 860. Jahrestags der Gründung Moskaus, Moskau, 2. September 2007: »›Moskau hisste das Banner ganz Russlands und wurde Hauptstadt‹, schrieb der Historiker und Philosoph Konstantin Aksakow.«

30 Interview mit dem Autor.

31 Nikolai Berdjajew, *A. S. Chomjakow, kak filosof* [1904; Eltchaninoff benutzt die französische Übersetzung von Valentine und Jean-Claude Marcadé, *Khomiakov*, Paris 1988, hier S. 106].

32 Ebd.

33 Ebd.

34 Alexandre Koyré, *La Philosophie et le Problème national en Russie au XIXe siècle* [1929], Paris 1976, S. 13.

35 Ebd.

36 Interview mit dem Autor. Gewiss untersteht ein Teil der ukrainischen Gläubigen dem mit dem Kreml verbündeten Moskauer Patriarchat. Doch sie sind nicht alle Parteigänger der Sache Putins und plädieren für eine Neutralität der Kirche im Konflikt zwischen Prorussen und Proeuropäern. Zudem sind die anderen orthodoxen Christen dem Kiewer Patriarchat oder auch der seit den 1920er Jahren unabhängigen autokephalen Kirche angegliedert.

37 Interview mit dem Autor.

38 Nikolai Danilewski, *Rossija i Ewropa* [1871; dt. in Auszügen *Russland und Europa*, aus dem Russischen von Karl Nötzel, Stuttgart / Berlin 1920; hier: S. 194].

39 Ebd., S. 235.

40 Hegel, *Grundlinien der Philosophie des Rechts*, § 324.

41 N. Danilewski, *Russland und Europa*, a. a. O., S. 242.

42 Ebd., S. 239.

43 Ebd., S. 242.

44 Ebd., S. 266.

45 Ebd., S. 267.

46 Ebd., S. 278.

47 N. Berdjajew, *Khomiakov*, a. a. O., S. 106.

DER EURASISCHE TRAUM

1 Rektorenkongress, Moskau, 6. Dezember 2002.

2 *Nesawissimaja Gaseta*, 14. November 2000.

3 Rede zur Amtseinführung als Präsident, Moskau, 7. Mai 2012.

4 Ebd.

5 Ebd.

6 Botschaft an die Föderale Versammlung, Moskau, 12. Dezember 2013.

7 Treffen mit dem kasachischen Präsidenten Nursultan Nasarbajew, Moskau, 15. Mai 2012.

8 Seliger-Jugendforum, Oblast Twer, 29. August 2014.

9 S. Marlène Laruelle, *La Quête d'une identité impériale. Le néo-eurasisme dans la Russie contemporaine*, Paris 2007, S. 13.

10 Titel eines 1927 veröffentlichten Textes.

11 S. Marlène Laruelle, *L'Idéologie eurasiste russe*, Paris 1999, S. 152.

12 Pjotr Sawizki, »Geografitscheskije i polititscheskije osnowi ewrasiswa« [»Die geographischen und geopolitischen Grundlagen des Eurasismus«], Artikel von 1933, online unter gumilevica.kulichki.net.

13 S. Nikolai Trubetzkoy, »Russkaja problema« [»Das russische Problem«], 1921.

14 Ders., »Das Erbe Dschingis Chans. Ein Blick auf die russische Geschichte nicht vom Westen, sondern vom Osten« [1925], aus dem Russischen von Fedor B. Poljakov, in: *Russland – Europa – Asien: ausgewählte Schriften zur Kulturwissenschaft*, Wien 2005, S. 91–154, hier: S. 98.

15 Pflichtlektüre zu den Avataren des Neo-Eurasismus im heutigen Russland ist Marlène Laruelle, *La Quête d'une identité impériale*, Paris 2007. Zur Erinnerung: Alexander Dugin gründete 1993 gemeinsam mit Eduard Limonow die Nationalbolschewistische Partei Russlands.

16 Insbesondere war er ein getreuer Freund Éric Rohmers. Vgl. Antoine de Baecque, Noël Herpe, *Éric Rohmer. Biographie*, Paris 2014.

17 Alexander Dugin, *Tschetwjortaja polititscheskaja teorija*, Moskau 2009; hier nach der französischen Ausgabe, *La Quatrième Théorie politique*, Nantes 2012, S. 54. [vgl. dt. *Die vierte politische Theorie*, übersetzt von Ben Augustin, London 2013; da die deutsche Ausgabe (vermutlich eine gekürzte Weiterübersetzung aus dem Englischen) deutlich von der hier zitierten abweicht, beziehen sich alle Zitate und Verweise auf die französische Ausgabe].

18 Ebd., S. 62.

19 Ebd., S. 165.

20 Ebd., S. 166.

21 Ebd., S. 225.

22 Ebd., S. 228.

23 Ebd.

24 Interview mit dem Autor.

25 Ebd.

26 Ebd.

27 Ebd.

28 Ebd.

29 Ebd.

30 Ebd.

31 Ebd.

32 Ebd.

33 Ebd.

34 Interview mit dem Autor.

35 Ansprache während eines Treffens von Lehrern und Studenten der eurasischen Staatsuniversität Lew Gumiljow, Astana, 10. Oktober 2000.

36 Redebeitrag während des internationalen Forums zur »eurasischen Integration«, Astana, 18. Juni 2004.

37 Ebd.

38 Rede zur Tausendjahrfeier Kasans, 26. August 2005.

39 Grußbotschaft des Präsidenten an den Petersburger Gumiljow-Kongress, 1. Oktober 2012.

40 Interview Gumiljows mit I. Sawkin in der Monatszeitschrift *Socium*, Nr. 5, 1992.

41 S. hierzu Marlène Laruelle, *La Quête d'une identité impériale*, a. a. O.

42 Botschaft an die Föderale Versammlung (op. cit.), 12. Dezember 2012.

43 Interview mit dem Autor.

44 Versammlung des Präsidiums des Kultur- und Kunstrats, Pskow, 3. Februar 2014.

45 Interview mit dem Autor.

DOSTOJEWSKI UND BERDJAJEW, DIE FALSCHEN FREUNDE

1 Internetkonferenz vom 6. März 2001; Interview für polnische Medien, 15. Januar 2002.

2 Interview mit *Paris Match*, 6. Juni 2000.

3 Rede zur Enthüllung des Dostojewski-Denkmals in Dresden, 10. Oktober 2006 [dt. auf der Webseite des Deutsch-Russischen Kulturinstituts (www.drki.de)].

4 Putins Artikel zu einem »halben Jahrhundert europäischer Integration Russlands« erscheint am 25. März 2007 in mehreren europäischen Medien [u. a. in der FAZ unter dem Titel »Gemeinsame Ziele und Werte«].

5 Webseite von Radio Echo Moskwy [echo.msk.ru/programs/personalno/1326764-echo/].

6 Nachzulesen auf der Webseite von Russkaja Idea unter folgender Adresse: http://www.politconservatism.ru/forecasts/ne-znayu-yavlyayus-li-ya-konservativnym-fantastom-no-kak-chelovek-ya-konservator/.

7 Fjodor Dostojewski, *Tagebuch eines Schriftstellers*, aus dem Russischen von Alexander Eliasberg, München 1920–1923, Bd. V, November 1877, Kap. III,I, S. 247.

8 N. Danilewski, *Russland und Europa*, a. a. O., S. 309.

9 Fjodor Dostojewski, *Ein grüner Junge*, aus dem Russischen von Swetlana Geier, Frankfurt / Main 2012, S. 667.

10 F. Dostojewski, *Tagebuch eines Schriftstellers*, a. a. O., Bd. II, Juni 1876, Kap. II,IV, »Utopistische Geschichtsauffassung«, S. 322.

11 Diesen Begriff benutzt Dmitri Karamasow, um den »russischen Menschen« zu charakterisieren.

12 S. Michail Bachtin, *Probleme der Poetik Dostojewskis*, aus dem Russischen von Adelheid Schramm, München 1971.

ANMERKUNGEN

13 Brief an Konstantin Pobedonoszew, 19. Mai 1879.

14 Botschaft an die Föderale Versammlung (op. cit.), 12. Dezember 2013.

15 Interview mit dem Autor.

16 Zitiert von der Zeitung *Korrespondent*, 18. Februar 2014.

17 Artikel in *Narodoprawstwo* (Die Macht des Volkes), erschienen am 19. November 1917.

18 Ebd.

19 Nikolai Berdjajew, *Wechi* [dt. *Vechi/Wegzeichen: Zur Krise der russischen Intelligenz*, aus dem Russischen von Karl Schlögel, Frankfurt/Main 1990, S. 60].

20 Nikolai Berdjajew, *Filosofija nerawenstwa* [*Philosophie der Ungleichheit*], Berlin 1923, S. 88.

21 Ebd., S. 92.

22 Nikolai Berdjajew, *Die Weltanschauung Dostojewskis*, aus dem Russischen von Wolfgang E. Groeger, München 1925, S. 169.

23 Dieser Briefwechsel wurde [auf Initiative des Autors hin] im November 2013 in der französischen Ausgabe des *Philosophie Magazine* (Nr. 74) veröffentlicht und später in Englisch als Buch herausgegeben (*Comradely Greetings: The Prison Letters of Nadya and Slavoj*, London 2014). [Hier nach der Übersetzung von Brian Poole & Michael Ebmeyer in der deutschen Ausgabe des *Philosophie Magazin*, Heft 1/2014, S. 19.].

24 N. Berdjajew, *Philosophie der Ungleichheit*, a.a.O., S. 93.

WELCHE ART IMPERIUM?

1 Treffen des Waldai-Klubs (op. cit.), 14. September 2007.

2 Ebd.

3 S. *New York Times*, 15. Dezember 2009: »Abhazia is recognized – by Nauru« von Ellen Barry.

4 *Süddeutsche Zeitung*, 18. September 2014.

5 *Le Monde*, 4. September 2014.

6 Interview mit dem Autor.

7 Ebd.

8 Ebd.

9 Ebd.

10 Ebd.

11 Ebd.

12 Ebd.

13 Ebd.

14 Ebd.

15 Hierzu lässt sich auf die sehr überzeugenden Ausführungen des georgischen Philosophen Merab Mamardaschwili in *La Pensée empêchée* [»Das verhinderte Denken«], einem Buch aus Interviews mit Annie Epelboin, La Tour d'Aigues 1991, verweisen. Laut Mamardaschwili »erschaffen die totalitäre Sprache und die totalitäre Gesellschaft eine Sprache, die das Erwachen ausschließt […]. Du kannst […] sterben, ohne je entdeckt zu haben, was wirklich *dein* Gefühl war.« Das Selber-Denken wird ersetzt durch das »an deiner Stelle, für dich Gedachte«. Auf diese Weise wird die Gesamtheit des Seins konfisziert. Mamardaschwili erinnert sich: »Als ich jung war, waren die Leute vom Komsomol die Verwalter des Gemeinwesens, des sozialen Körpers, und auch des meinen: Sie verwalteten meinen Körper.« Diese Abtötung des Denkens hat etwas aufkommen lassen, das er ein »Leben jenseits der Gruft« in einem »Wald stehender Kadaver« nennt.

16 S. S. Alexijewitsch, *Secondhand-Zeit*, a. a. O.

17 Interview zur Ausstrahlung des Films *Die zweite Taufe Russlands* (op. cit.), 23. Juli 2013.

18 Lenta.ru, 20. November 2008.

19 Agentur Interfax, 5. Mai 2011.

20 Interfax, 17. Dezember 2010.

21 Lenta.ru, 27. September 2011.

22 Interview mit dem Autor.

23 Ebd.

24 Ebd.

25 Pressekonferenz, Moskau, 19. Dezember 2013.

26 Gemeinschaft Unabhängiger Staaten, nach dem Zerfall der UdSSR gebildete Gruppe von zehn ehemaligen Sowjetrepubliken.

27 Interview mit Xinhua und CCTV (op. cit.), 27. November 2002.

28 Zeremonie zur Grundsteinlegung der ersten russisch-turkmenischen »Alexander-Puschkin-Schule« in Aschchabad, 11. Mai 2007.

29 Interview mit dem Autor.

30 Ebd.

31 Ansprache an der eurasischen Staatsuniversität Lew Gumiljow (op. cit.), 10. Oktober 2000.

32 Ebd.

33 Treffen des Waldai-Klubs (op. cit.), 14. September 2007.

34 Eröffnungsrede auf der Versammlung des Präsidialrats für Kultur und Kunst, Moskau, 25. November 2003.

35 Antwort auf Fragen russischer Journalisten [vor einem Treffen mit dem tadschikischen Präsidenten Emomali Rachmonow], Duschanbe, 5. Juli 2000.

36 Interview mit *Renmin Ribao*, Xinhua und RTR (op. cit.), 16. Juli 2000.

37 Interview mit dem Autor.

38 Interview mit dem Autor.

39 Interview mit dem Autor.

40 Ebd.

41 I. Iljin, *Naschi Sadatschi* [*Unsere Aufgaben*], a. a. O., Bd. 1, S. 125.

42 S. M. Laruelle, *L'Idéologie eurasiste russe*, a. a. O., S. 16: »Die Eurasier sprechen den Ukrainern das Recht auf Selbstbestimmung ab. In einem naturalistischen Diskurs ist es unangebracht, eine solche Frage auch nur in Betracht zu ziehen (verlangt man von Walen, über sich selbst zu bestimmen, um in Erfahrung zu bringen, ob sie Säugetiere oder Fische sind?).«

43 Rede auf dem Empfang anlässlich des 10. Jahrestags der ukrainischen Unabhängigkeit, Kiew, 23. August 2001.

44 Rede bei der feierlichen Eröffnung des russischen Neuen Jahres in der Ukraine, Kiew, 27. Januar 2003.

45 Rede auf eine Zeremonie zur Ehrung ukrainischer Kulturschaffender, Kiew, 28. Januar 2003.

46 Gemeinsame Pressekonferenz mit dem ukrainischen Präsidenten Leonid Kutschma, Jalta, 4. Mai 2003.

47 Pressekonferenz mit russischen und ausländischen Journalisten (op. cit.), 23. Dezember 2004.

48 Treffen mit dem ukrainischen Präsidenten Wiktor Janukowitsch, Nowo-Ogarjowo bei Moskau, 22. Oktober 2012.

49 Pressekonferenz, Moskau, 20. Dezember 2012.

50 Treffen mit dem ukrainischen Präsidenten Wiktor Janukowitsch, Sawidowo, Oblast Twer, 4. März 2013.

51 Treffen mit Vertretern verschiedener orthodoxer Kirchen, Moskau, 25. Juli 2013.

52 Treffen mit dem ukrainischen Präsidenten Wiktor Janukowitsch, Kiew, 27. Juli 2013.

53 Treffen des Waldai-Klubs (op. cit.), 19. September 2013.

54 Fernsehsendung *Prjamaja Linija s Wladimirom Putinym* [»Direktverbindung mit Wladimir Putin«], 17. April 2014.

55 Interview mit dem Autor.

56 Ebd.

57 Im Original deutsch [A. d. Ü.].

58 Interview mit dem Autor.

59 Seliger-Jugendforum (op. cit.), 29. August 2014.

60 A. Solschenyzin, *Kak nam obustroit Rossiju* [dt. *Russlands Weg aus der Krise*], a. a. O.

61 Golos Rossii, 16. Oktober 2014. [Golos Rossii wurde Ende 2014 umbenannt, erst in Radio Sputnik, dann in SNA (= Sputnik News Agency) Radio; A. d. Ü.].

62 Agentur RIA Novosti, 1. Oktober 2014.

63 Vgl. Interfax, 30. September 2015.

EINE IDEOLOGIE FÜR EUROPA
UND FÜR DIE WELT

1 »Russki mir. Wosmoschnye zeli samoopredelenija« (»Die russische Welt. Mögliche Ziele der Selbstbestimmung«) von Pjotr Schtschedrowizki auf der Webseite Russki Archipelag: www.archipelag.ru/authors/shedrovicky_petr/?library=2015.

2 Amtsantrittsrede, Moskau, 7. Mai 2000.

3 Eröffnungsrede auf dem Kongress der Landsleute, Moskau, 11. Oktober 2001.

4 Rede bei der Aushändigung eines russischen Passes an Andrej Schmeman, Caen, 6. Juni 2004.

5 Eröffnungsansprache beim Treffen mit der »kreativen Intelligenzija«, Petersburg, 29. November 2006.

6 Interview mit *Russkaja Mysl*, 23. November 2006.

7 Diskussionsbeitrag zum Thema »Demokratiestandards und Vielfalt der demokratischen Erfahrung« im Rahmen der zweiten Ausgabe des Forums Weltpolitik, Jaroslawl, 9. und 10. September 2010.

8 *Prawda*, 8. April 2014, www.pravda.ru/news/expert/08-04-2014/1203736-nikonov-0/.

9 Rede bei der feierlichen Unterzeichnung des »Aktes der kanonischen Gemeinschaft« zwischen dem Moskauer Patriarchat und der Russisch-Orthodoxen Kirche im Ausland, Moskau, 17. Mai 2007.

10 Treffen mit den Spitzen der weltweiten Presseagenturen.

11 Auszug aus dem Vereinsstatut.

ANMERKUNGEN

12 Seit Ende Mai 2015 Les Républicains [A. d. Ü.].

13 Treffen mit dem Vorsitzenden des Mouvement pour la France, Philippe de Villiers, Jalta, 14. August 2014.

14 Ebd.

ESKALATION ZUM ÄUSSERSTEN

1 Vgl. Subhi Hadidi, Ziad Majed, Farouk Mardam-Bey, *Dans la tête de Bachar al-Assad*, Actes Sud, Arles 2018.

2 Siehe die Umfragen des Meinungsforschungsinstituts Lewada-Zentrum, abrufbar unter https://www.levada.ru/en/.

3 Vgl. Galia Ackerman, *Le Régiment immortel: la guerre sacrée de Poutine*, Premier Parallèle, Paris 2019.

4 Vgl. Carl Schmitt, »Der Begriff des Politischen«, in: *Archiv für Sozialwissenschaften und Sozialpolitik*, 1927, Bd. 58, S. 1–33.

5 Vgl. Paul Gogo: »L'inquiétant article de Vladimir Poutine sur l'Ukraine«, in *La Libre*, Brüssel 16. Juli 2021.

6 Siehe https://ria.ru/20210216/genokod-1597581674.html.

DANKSAGUNG

1 In deutscher Übersetzung erschienen im *Philosophie Magazin* Nr. 4/2014.

DANKSAGUNG

Für ihre Hilfe und ihre Ratschläge ein großes Dankeschön an Galia Ackerman, Daria Appolonova, Alexis Berelowitsch, Wolfram Eilenberger, an das gesamte Team des *Philosophie Magazine* und an Alexey Kozyrev, Sergey Khazov-Cassia, Bernard Marchadier, Ilya Platov, Konstantin Sigov, Cyrille Sollogoub, Matthieu Sollogoub. Nicht zu vergessen mein aufmerksamer und herzlicher Verleger Michel Parfenov.

Für ihre Ermutigungen und ihre Unterstützung geht mein Dank an Élisabeth und meine Kinder André, Rébecca und Alexandre.

Diesem Buch lag ursprünglich ein Artikel aus der Nr. 80 des französischen *Philosophie Magazine* vom Juni 2014 zugrunde.[1]

PERSONENREGISTER

PERSONENREGISTER